Was in Syrien tatsächlich geschieht

1. Auflage Mai 2017

Titel der amerikanischen Originalausgabe:
Voices from Syria

Bildnachweis:
Seite 10, 12, 83, 92, 98 © Mark Taliano | Seite 46 © dpa/SANA Handout
Seite 47 © dpa/SANA Handout | Seite 52 © picture alliance/AP Photo
Seite 73 © dpa/SANA Handout | Seite 77 © picture alliance/abaca/AA/ABACA

Übersetzung aus dem Amerikanischen: Matthias Schulz
Lektorat: Swantje Christow
Umschlaggestaltung: Stefanie Huber

ISBN: 978-3-86445-470-7

FSC www.fsc.org
MIX
Papier aus verantwortungsvollen Quellen
FSC® C014496

Gerne senden wir Ihnen unser Verlagsverzeichnis
Kopp Verlag
Bertha-Benz-Straße 10
72108 Rottenburg
E-Mail: info@kopp-verlag.de
Tel.: (0 74 72) 98 06-0
Fax: (0 74 72) 98 06-11

Unser Buchprogramm finden Sie auch im Internet unter:
www.kopp-verlag.de

Mark Taliano

Was in Syrien tatsächlich geschieht

Augenzeugen widersprechen den westlichen Medienlügen vom syrischen »Bürgerkrieg«

KOPP VERLAG

Dieses Buch ist den Männern und Frauen Syriens gewidmet. Sie stehen im Kampf gegen den internationalen Terrorismus an vorderster Front. Euer Blut wird für unsere Sünden vergossen.

Danksagung

So viele Menschen haben mir bei diesem Buch geholfen. Hier nur eine kleine Auswahl: Mein Dank geht an Ken Stone, der mich dazu inspiriert hat, nach Syrien zu reisen.

Vielen Dank an Dschamal Daud und die Organisatoren der Third International Tour of Peace nach Syrien. Sie haben allen Hindernissen zum Trotz diese Reise möglich gemacht und es uns dadurch ermöglicht, Syrien mit eigenen Augen und Ohren zu erleben. Nun können wir die Wahrheit besser mit anderen teilen.

Vielen Dank an meine Mitreisenden, meine Brüder und Schwestern im Geiste. Danke an Professor Michel Chossudovsky, der mir bei der Veröffentlichung dieses Buches geholfen hat.

Mein Dank geht an die Lektorin Sarah Hipworth für all ihre wertvolle Arbeit und an Brendan Stone für seine Unterstützung bei der Arbeit mit den Quellen.

Vielen Dank an Gerry DiSanto vom Defensive Arts Training Centre. Er hat mich ermutigt, dieses Buch zu schreiben.

Und – last but not least – ein ganz besonderer Dank an Victoria, die mir den ganzen Weg über geholfen hat.

Inhalt

Vorwort

Wir möchten die Aufmerksamkeit unserer Leser auf Mark Talianos Buch *Was in Syrien tatsächlich geschieht* richten. Im Gegensatz zu den meisten geopolitischen Analysten, die sich mit dem Nahen Osten befassen, konzentriert sich Mark Taliano darauf, was die gesamte Menschheit und das syrische Volk in ihrem Kampf gegen ausländische Aggressoren verbindet.

Mark Taliano

Taliano spricht mit den Menschen in Syrien und hört ihnen zu. Er zeigt, welchen Mut und welche Widerstandskraft eine Nation und ihre Bevölkerung in ihrem Alltagsleben aufbringen – und das nach mehr als 5 Jahren Terrorismus, der von den USA und der NATO gefördert wird, und nach mehr als 2 Jahren »befriedender« Luftangriffe der USA, die vor allem auf die zivile Infrastruktur Syriens abzielen. In Syrien weiß jeder, dass Washington hinter den Terroristen steckt, dass sie (auf Kosten der Steuerzahler) von den USA und deren Verbündeten finanziert werden und dass sie von Amerikas Partnern im Nahen Osten ausgebildet und rekrutiert werden. Saudi-Arabien und Katar haben den IS/Daesh und die Terroristen der al-Nusra-Front im Auftrag der Vereinigten Staaten finanziert und ausgebildet. Israel gewährt den Terroristen in den besetzten Golanhöhen Unterschlupf, und in Verbindung mit dem türkischen Oberkommando ist die NATO seit März 2011 daran beteiligt, die Rekrutierung von Dschihadisten und ihre Entsendung nach Syrien zu koordinieren.

Mehr noch: Die IS/Daesh-Brigaden sowohl in Syrien als auch im Irak sind in westliche Spezialeinheiten eingebunden und werden von Militärberatern unterstützt.

All das ist der Bevölkerung in Syrien bekannt, aber im Westen lässt man die Öffentlichkeit in dem Glauben, dass die USA in Syrien und Irak einen »Feldzug gegen den Terrorismus« führen und dass sie gegen den Islamischen Staat (IS/Daesh) kämpfen – eine Organisation, die von amerikanischen Nachrichtendiensten gegründet wurde und von amerikanischen Nachrichtendiensten unterstützt wird.

»Was wir in Syrien gesehen haben, spricht alles für ein gemeinsames Erbe der Menschheit«, sagt Mark Taliano. Syrien ist die Wiege der Zivilisation – Mesopotamien ist das Zweistromland, der Fruchtbare Halbmond, in dem die frühen Zivilisationen Wurzeln schlugen.

Das ist es, was die Neokonservativen aus Washington zerstören wollen. Um ihr Ziel zu erreichen, führen sie einen schmutzigen Propagandafeldzug, der die Illusion aufrechterhält, Amerika sei an einer humanitären Mission zur Friedenswahrung beteiligt.

Die Menschen in Syrien wissen, wer die wahren Terroristen sind. »Der Angriff des Westens auf dieses Land ist ein Angriff auf unser aller Menschlichkeit und ein Angriff auf Syriens fortschrittliche und erwartungsvolle Zukunft«, sagt Taliano.

Nationalmuseum von Damaskus, M. Chossudovsky, 2011

Mark Taliano konzentriert sich auf die Wahrheit als Mittel, Frieden herbeizuführen und sich der Propaganda entgegenzustellen:

> Sollten die Bemühungen des Westens, einen »Regimewechsel« herbeizuführen, von Erfolg gekrönt sein, wird die säkulare, pluralistische Regierung von Präsident Assad durch ihr Gegenteil ersetzt werden – ein barbarisches, sektiererisches Regime und Chaos.
>
> Dennoch scheinen die Politiker im Westen immer stärker an ihre eigenen Lügen zu glauben. Vielleicht sehen sie aber auch keine andere Wahl, als feige das zu befolgen, was ihnen von oben diktiert wird. Das Wesen der Menschlichkeit verlangt aber, dass wir alle unsere Augen öffnen, dass wir aus der Geschichte lernen und dass wir die Regeln des Völkerrechts befolgen und nicht auf das Diktat eines kriminellen Imperiums hören. Syrien und die Syrer müssen gerettet werden, nicht zerstört.
>
> Mein aktuelles Interesse besteht darin, mir auf der Suche nach der politischen Wahrheit in einer Welt, die blindlings in Krieg und Barbarei taumelt, einen Weg durch ein Geflecht aus Lügen zu bahnen.
>
> Finde ich derartige Wahrheiten, führen sie ausnahmslos zum Frieden und nicht zum Krieg. Deshalb besteht mein »Kreuzzug« nun darin, die Wahrheit zu verbreiten, ihr ein solides Fundament zu verleihen und etwas zum Positiven hin zu bewirken.
>
> Der schmutzige Krieg gegen Syrien ist ein derart eklatantes Beispiel für die Vormachtstellung von Krieg und Täuschung (und Bösem) gegenüber der Zivilisation und unseren Werten der Menschlichkeit, dass sich meine derzeitigen Forschungsinteressen ausschließlich danach orientieren, was dort geschieht oder nicht geschieht. Gewinnt Syrien, gewinnen wir alle. Und momentan gewinnt Syrien.

Mainstreammedien lehnt Mark Taliano ab. Regelmäßig verschleiern die Medien die Gründe und die Auswirkungen des Krieges, der unter Führung der USA gegen Syrien geführt wird. Ganz zu schweigen von den weitreichenden Kriegsverbrechen und Gräueltaten, die die Terroristen im Namen des westlichen Militärbündnisses begehen.

Taliano ist entschlossen, sich gegen die Flut medialer Falschinformationen zu stemmen. Deshalb wendet er sich im Namen des syrischen

Volkes an die Öffentlichkeit im Westen: »Syrien stellt sich gegen die westlichen Agenten von Tod und Vernichtung. Es ist ein Kampf für die gesamte Menschheit gegen die dunklen Kräfte, die hinter den leeren Phrasen unserer Politiker und den giftigen Lügen der Medienkurtisanen schwären.«

Was in Syrien tatsächlich geschieht von Mark Taliano bietet einen sorgfältig dokumentierten Überblick über das Leben in Syrien und den alltäglichen Kampf, den die Menschen dort austragen müssen, um ihre nationale Souveränität zu schützen und zu bewahren.

Prof. Michel Chossudovsky
Direktor des Centre for Research on Globalization (CRG)

Einleitung

Die Arabische Republik Syrien ist ein uraltes, heiliges Land, das umgeben ist von Nationen, die Terroristen unterstützen und die darauf aus sind, Syrien zu vernichten. Diese Länder wiederum werden vom Nordatlantikpakt NATO unterstützt, der von den USA angeführt wird.

Oberhaupt der säkularen Regierung Syriens ist der gewählte Präsident Baschar al-Assad. Assad ist fortschrittlich und zukunftsorientiert. Die Terroristen, die ins Land eingefallen sind und Teile Syriens besetzt halten, sind weder fortschrittlich noch zukunftsorientiert, und die meisten Syrer sind froh, sie loszuwerden. Viele Syrer kritisieren Assad dafür, nicht hart genug mit den Terroristen umzuspringen. Er sei ein Mann mit zu weichem Herzen, sagen sie.

Die meisten Syrer stehen hinter Assad, weil er für sie sorgt und sie beschützt. Das Gesundheitswesen und die Bildungseinrichtungen (inklusive der Hochschulen) können in Syrien kostenlos genutzt werden. Bevor der von außen geplante und umgesetzte Krieg gegen Syrien begann, zählte Syrien zu den weltweit sichersten Ländern für ausländische Besucher.

Inzwischen hat der Westen Terroristen ins Land geschleust und Syrien mit gesetzeswidrigen Sanktionen überzogen. Das kriegsgeplagte Land und seine Bevölkerung reagieren in erster Linie voller Trotz. Ganz so, wie es das Völkerrecht vorsieht, sind sie es, die über die Zukunft ihres Landes entscheiden, und sie werden sich nicht kolonialisieren lassen. Es fällt ihnen leicht, sich aufzulehnen, denn ihnen steht eine gesetzeswidrige, vom Westen unterstützte »Opposition« gegenüber.

Von den Terroristen dieser »Opposition« ist kein einziger gemäßigt. Sie schlachten Christen, Minderheiten und Muslime gleichermaßen ab. Sie wollen einmal reinen Tisch machen und dann ihre extremistische Wahhabiten-Ideologie verhängen. Ihnen geht es darum, die Geschichte Syriens und das syrische Volk auszulöschen.

Ein Blick in die Geschichtsbücher zeigt, dass es nichts Neues für den Westen ist, an seiner Stelle Söldner in den Krieg zu schicken. Seit dem 11. September 2001 (»9/11«) hat der Westen in schneller Abfolge eine Reihe Länder zerstört – Afghanistan, den Irak und Libyen, um nur einige zu nennen. Das geschah vorsätzlich und immer unterstützt von Bodentruppen, die aus Söldnern bestanden.

Aber Syrien kann starke Strukturen und starke Verbündete vorweisen. Das Land wird siegen, und es wird zum Wohle der Syrer und der Menschheit sein.

Dieses Buch präsentiert die Geschichte Syriens und der Syrer, während sie tapfer gegen den NATO-Terrorismus ankämpfen.

Diese Erzählung steht im Widerspruch zu den Botschaften, die die Mainstreammedien verbreiten, und das muss sie auch. Würde die Wahrheit bekannt und von einer breiten Masse akzeptiert, würde der Westen mit seinen Geheimdiensten niemals öffentliche Rückendeckung für seinen Völkermord bekommen.

Wahrheit führt zu Frieden, aber die regierenden Kräfte, die uns manipulieren und die öffentliche Meinung vergiften, bereichern sich durch Krieg, Massenmord und Propaganda-Feldzüge. Sie sagen es nicht, aber ihre Feinde sind Wahrheit und Gerechtigkeit.

Dieses Buch soll helfen, Aufschluss über die Wahrheit, die Gerechtigkeit und die Lügen der Regierungen zu geben. Der globale Frieden soll wachsen und das Krebsgeschwür Terrorismus vernichtet werden.

Beginnen wollen wir damit, dass wir die Geschichte Syriens von Syrern erzählen lassen, und zwar nicht vom Propaganda-Apparat der Mainstreammedien gefiltert. Wir sehen und hören das Trauma, das die trotzigen, heldenhaften Syrer durchleben, und wir gelangen zu der Erkenntnis, dass dieses uralte, heilige Land gewiss den Einfall der Barbaren überstehen wird. Syrien wird wiederauferstehen als Leuchtfeuer von Zivilisation, Hoffnung und Würde.

Der von außen angefachte Krieg wird intern beigelegt – von Syrern für Syrer –, und die Lösungen sind oftmals das Ergebnis echter demokratischer Prozesse. Damit stehen sie im Widerspruch zu den Prozessen, die sich im Westen als Demokratie ausgeben. Syrien beharrt darauf, eine souveräne Nation zu sein.

Anschließend gehen wir ausführlicher auf die echte Geschichte Syriens ein und die Kräfte, die hinter dem aktuellen Krieg stecken. Das von den USA angeführte Imperium benutzt Terroristen als Handlanger, um seinen Einflussbereich auszudehnen, doch das läuft dem zuwider, was sich die absolute Mehrheit aller Syrer wünscht.

Die Alternative zu Syriens gewählter Regierung wären ein nach Völkermord strebender Despotismus und das islamische Recht Scharia. Die (nicht existierenden) »Gemäßigten« sind von den Extremisten nicht zu unterscheiden, denn alle Söldner-Terroristen verfolgen dieselben Ziele und beherzigen dieselben Ideologien.

Das Ergebnis dieser bewusst herbeigeführten Täuschung liegt auf der Hand: Die Menschen im Westen leben weiter in einem Irrglauben und bleiben politisch passiv. Die Wahrheit wurde verzerrt, und weite Teile unserer Bevölkerung sitzen dieser Täuschung auf. Der Westen und seine Verbündeten unterstützen alle Terroristen, die in Syrien einfallen, aber die Öffentlichkeit im Westen glaubt, dass wir gegen den Terrorismus kämpfen. Das ist der große Betrug in diesem »globalen Krieg gegen den Terrorismus«.

Vom 15. bis zum 23. September 2016 bereiste ich das kriegsgeplagte Syrien. Warum? Weil mich schon vor Jahren das Gefühl befallen hatte, dass die offiziellen Geschichten, mit denen wir im Fernsehen, in der Presse und im Internet gefüttert wurden, nicht der Wahrheit entsprechen.

Die Invasionen in Afghanistan, im Irak und in Libyen beruhten allesamt auf Lügen, dasselbe gilt für die Ukraine. Alle Kriege, die seit 9/11 stattgefunden haben, wurden dem westlichen Publikum durch ein hochmodernes Netzwerk an Regierungsbehörden schmackhaft gemacht, das die Menschen im Inland wie im Ausland mit Propaganda überzieht.

Doch der schmutzige Krieg gegen Syrien ist etwas anderes. Was derzeit an Kriegspropaganda gegen Syrien gerichtet ist und die Menschheit kontaminiert, dürfte beispiellos in der Menschheitsgeschichte sein.

Seit Jahren studiere ich Syrien und schreibe darüber, insofern hat mich das, was ich dort zu sehen bekam, nicht völlig überrascht. Was ich dort empfunden habe, steht auf einem ganz anderen Blatt.

Syrien ist ein uraltes Land mit einer stolzen und zukunftsorientierten Bevölkerung. Diesem uralten und heiligen Land haben wir Söldner auf den Hals gehetzt, die Hass, Blutvergießen und Zerstörung entfesselten. Wir überziehen das Land mit unserer seltsamen Vorstellung von einer Sonderstellung Amerikas und mit Welle um Welle an Lügen.

Als Besucher habe ich mich dort geschämt, aber die Syrer begrüßten mich als einen der ihren. Dies sind ihre Geschichten, dies sind ihre Stimmen.

Kapitel 1

In ihren eigenen Worten

Das Leben im kriegsgeplagten Syrien kann der reinste Albtraum sein. Die meisten Syrer haben die Auswirkungen des Krieges in irgendeiner Form am eigenen Leib zu spüren bekommen, und **Ammar** ist da keine Ausnahme. Dies ist seine Geschichte:[1]

> Wie jeden Morgen war meine Schwester auf dem Weg in die Universität, als sich ein verdammter takfiri-salafistisch-wahhabitischer Selbstmordbomber an der Bushaltestelle in seinem Auto in die Luft sprengte. Viele Zivilisten und Studierende auf dem Weg zu ihren Prüfungen fanden den Märtyrertod oder wurden verletzt. 10 Minuten später sprengte sich ein weiterer Selbstmordattentäter an derselben Stelle in die Luft und machte sich dabei den Umstand zunutze, dass sich dort viele Menschen und Rettungswagen versammelt hatten. Wenn ein Terroranschlag erfolgt, rufen wir normalerweise alle Angehörigen und Freunde an, um die Gewissheit zu haben, dass es ihnen allen gut geht, aber dieses Mal antwortete niemand! Wir suchten die Krankenhäuser nach ihr ab ... was für ein Schock der blutige Anblick dort war. Zahlreiche verbrannte Körper und menschliche Körperteile lagen auf dem Boden. Dort sah ich auch meine Schwester, ein Leib ohne Seele.

Viele Syrer haben ähnliche Verluste erfahren. Die dauerhaft in Syrien lebende Amerikanerin **Lilly Martin** schrieb, warum sie nicht für Hillary Clinton stimmen konnte:[2]

> Sie persönlich war verantwortlich für den Transport von Waffen aus Libyen in die Türkei. Diese Waffen wurden explizit von den von Amerikanern unterstützten Terroristen verwendet, die am 21. März 2014 mein Zuhause zerstörten und meine christlichen Nachbarn enthaupteten. Sie vergewaltigten alte Frauen, entführten und verschleppten sie in die Türkei. Andere töteten sie. Sie zerstörten das ganze syrische Dorf Kasab. Das ist kein Gerücht, das ist ein Fakt. Es ist ausführlich dokumentiert aus ihrer Zeit als amerikanische Außenministerin.

Martins Aussage zu dem, was ihr in Kasab zugestoßen ist, wird durch den Augenzeugenbericht von **Dr. Declan Hayes** bestätigt:[3]

> Der Abstieg von Kasab in die Hölle begann um Punkt 5:30 Uhr am 21. März 2014. Von der türkischen Seite der syrischen Grenze aus wurde das schutzlose armenische Dorf unter Artilleriebeschuss genommen. Die 2000 Einwohner verfielen in Panik, aber es war nur der Auftakt für die Apokalypse, die ihnen noch bevorstand. Mehr als 20 000 Fanatiker von al-Nusra, der Freien Syrischen Armee und einer Reihe weiterer Extremistengruppen schwärmten über die Grenze – auf Motorrädern, Pick-ups und in westlichen Krankenwagen, die für diesen Blitzkrieg in Mannschaftswagen und Munitionstransporter umgewandelt worden waren. Zahlenmäßig hoffnungslos unterlegene und nur leicht bewaffnete syrische Soldaten (der Syrisch-Arabischen Armee) hielten die Eindringlinge zurück, bis die Einwohner evakuiert werden konnten. Sunniten, Schiiten, Alawiten und armenische Christen rannten allesamt um ihr Leben vor diesen Fanatikern – von denen einige westliche Kommentatoren nicht nur allen Beweisen, sondern auch jedwedem gesundem Menschenverstand zum Trotz noch immer behaupten, es handele sich um fortschrittliche Befreier. Mehrere Einwohner Kasabs, darunter Howian Chatscherin, flohen bereits zum dritten Mal vor diesen islamistischen Horden, nachdem sie sich zuvor bereits aus Rakka und Aleppo absetzen mussten, um ihr Leben zu retten. Gefahren wie diese gehören zum alltäglichen Leben der verbliebenen Christen der Levante dazu – Menschen, denen jenseits der syrischen Grenzen offenbar herzlich wenig Sympathie entgegengebracht wird. Systematisch entweihten die »Befreier« alle Kirchen von Kasab,

sie plünderten die Gräber des Dorfes und verstreuten die Knochen der Verstorbenen im Dorf, damit streunende Hunde daran nagen konnten. Jedes Haus und jedes Nebengebäude wurde bis aufs Allerletzte geplündert, bis hin zu den Fenstern und Türrahmen. Und diese fanatischen Despoten verleiteten die Presse im Westen dazu, ihr Handeln zu loben, als handele es sich um eine Art lobenswerter Aktivität gegen das vermeintliche Tyrannenregime im weit entfernten Damaskus.

Kasabs älteste Mitbürger, Menschen, die zu gebrechlich waren, um zu fliehen, wurden gegen ihren Wunsch in die Türkei gekarrt. Genauso wie zuvor die entführten Nonnen von Maalula wurden auch die Alten auf zynische Weise der Öffentlichkeit präsentiert, als hätten die Entführer nur das Wohlergehen dieser Menschen im Sinn gehabt. Vor allem für Pepken Dschurian und seine Frau ist diese Vorstellung nur schwer zu ertragen, denn die Eindringlinge richteten Pepkens einzigen Sohn Kevork vor seinen Augen hin, dann ließen sie den Leichnam 3 Tage lang in der Sonne verrotten, bevor sie ihn wie einen Hund in einem hastig gegrabenen Loch in Pepkens Apfelplantage verscharrten. Das Bild ist in diesem Fall sogar zutreffend, denn der Mörder sagte, Kevorks Tod bedeute »einen armenischen Hund weniger, um den man sich Sorgen machen müsse«. Nach Kevorks Ermordung wurden seine Eltern gegen ihren Willen die nächsten 40 Tage lang in der Türkei festgehalten. Die Entführer schleppten sogar den US-Botschafter in der Türkei an, damit er bewundere, wie gut die Menschen behandelt werden. Der bekannte Autor Nisar Chalil fungierte bereitwillig als Dolmetscher für die gefangenen armenischen Alten und ihre türkischen Geiselnehmer.

Die Einwohner Kasabs sind überzeugt, dass all das mit der vollständigen Mitwisserschaft der türkischen Regierung erfolgte. Kasab liegt im äußersten Nordwesten Syriens, und es gibt nur einen Weg, das Dorf anzugreifen – mit Zustimmung der türkischen Behörden durch die stark militarisierten Hügel des nahe gelegenen türkischen Territoriums. Samuel Poladian, der die ganze Besatzungszeit über in Kasab blieb, lebt nur 200 Meter von einer türkischen Polizeistation entfernt. Wie all die anderen auch sagt er nicht nur, er habe am Morgen der Invasion türkische Militärhubschrauber über dem Dorf kreisen hören, sondern auch, dass die Türkei hinter der gesamten empörenden Aktion stecke. Die türkische Seite der Grenze ist übersät mit zahllosen Armeestützpunkten, aber nicht einer der Invasoren und nicht einer der Plünderer wurde auf der türkischen Seite verhaftet oder auch nur festgesetzt. Das macht die Behauptungen der Menschen von Kasab und ihre anderslautende Interpretation viel glaubwürdiger als die lahmen Ausreden, die die Türkei für diese Verbrechen vorbringt.

Der Skandal von Kasab richtete sich ausschließlich gegen armenische Christen, und die Armenier sagen, die Türkei habe ihnen und der syrischen Regierung und der Syrisch-Arabischen Armee (SAA), die sie beschützen, eine brutale Botschaft senden wollen: So wie 1909 und 1915 könne man, wann immer man wolle, Kasab besetzen und die Einwohner abschlachten. Vor diesem Hintergrund ergibt es auch Sinn, dass das Zentrum von Kasab und sämtliche Kirchen vorsätzlich zerstört wurden. Was für die Menschen von Kasab und für die in der Aramäisch sprechenden Stadt Maalula, die ich wenige Tage zuvor besucht hatte, allerdings völlig unverständlich ist, ist, warum die Christen im Westen sie so vollständig und absolut aufgegeben haben. Das geht sogar so weit, dass die Fanatiker bei ihrem Abzug die gesamte Stadt Maalula mit Sprengfallen versahen und die Bomben als Geschenk der Europäischen Union an die Freie Syrische Armee gekennzeichnet waren. Keine dieser geplünderten christlichen Städte hat vom Westen auch nur einen Cent an Hilfe erhalten. Der Westen scheint seine Hilfsmaßnahmen auf die Flüchtlingslager zu konzentrieren, die von den Rebellen-Extremisten und ihren türkischen Gastgebern kontrolliert werden. Diese Lager dienen als Außenposten, von denen aus diejenigen angegriffen werden, die sie als »Kreuz-Anbeter« verunglimpfen und entmenschlichen, bei denen es sich aber um Mitmenschen handelt und es uns allein schon die Pflicht gebietet, ihnen zu helfen.

Zwar eroberte am 15. Juni 2014 die syrische Armee Kasab zurück, aber der Albtraum der Armenier war damit noch nicht vorüber. Von den über 2000 Einwohnern sind weniger als 800 in ihre zerstörten und geplünderten Heime zurückgekehrt. Den Schulen fehlt nicht nur das Lehrmaterial, weil die Befreier alles verbrannt haben, es fehlen auch die Mittel, das Fehlende zu ersetzen. Dasselbe gilt für die Obstgärten.

> Es gibt für die Einwohner nur noch wenige Wege, ihren Lebensunterhalt zu verdienen. Die Obstbäume sind ein »Kollateralschaden«, den die »Befreier« angerichtet haben – und sie haben versprochen, mit voller Wucht zurückzukehren. Unterdessen hat die westliche Welt – ebenso wie die armenische Diaspora – andere, »wichtigere« Dinge auf dem Bildschirm. Die Menschen, die die Einwohner von Kasab gequält haben, begehen jeden Tag Gräueltaten, bei denen sich einem der Magen umdreht. Und im Hintergrund lauern die Türkei und andere dunkle Mächte, bereit, gegen die wehrlosen christlichen Armenier von Kasab loszuschlagen, wann immer es am besten zu ihren ruchlosen Vorhaben passt.

In nahezu jeder neuen Meldung aus dem Westen wird Wladimir Putin verteufelt. **Ammar** jedoch steht in direkter Verbindung mit russischen Institutionen. Hier seine Einschätzung:[4]

> Die größte humanitäre Hilfe leisten meiner Meinung nach unsere russischen Brüder. Sie bekämpfen den von USA und NATO ins Leben gerufenen brutalen Terror und helfen den syrischen Streitkräften im Kampf gegen den vom Westen unterstützten barbarischen Terrorismus. Gleichzeitig stehen sie Syrien in den internationalen Foren zur Seite. Darüber hinaus versorgen die Russen bedürftige syrische Zivilisten mit Nahrungsmitteln wie Reis, Zucker, Tee, Fleisch- und Fischkonserven sowie mit medizinischer Hilfe, mit Medikamenten, Erste-Hilfe-Ausrüstung, Antibiotika und medizinischen Produkten für die Behandlung einer Reihe von Krankheiten. Außerdem haben sie Ärzte mitgebracht, die bedürftige Menschen untersuchen. All diese Hilfe ließ Russland direkt Menschen in Not zukommen. Dank der Sanktionen, die Amerika und Europa gegen das syrische Volk und die syrische Wirtschaft verhängt haben, sind die Preise massiv angestiegen. Die wirtschaftliche Lage wurde immer schwieriger, außerdem haben illegale Flugzeuge der Koalition um die USA die syrische Infrastruktur ins Visier genommen. Syrische Industrieanlagen wurden von den Söldnern bestohlen und geplündert, die Dinge wurden dann für Schleuderpreise an die Türkei verkauft. All dies hat das Leid des syrischen Volks verstärkt.

Lilly Martin ihrerseits verdankt ihr Leben der russischen Intervention in Syrien. Sie schreibt:[5]

> Was Russland anbelangt: Ich hatte vom 15. August bis zum 15. September 2015 in Slunfa ein Haus für den Sommer gemietet. Ich hatte ja schon erzählt, dass mein Sommerhaus in Kasab zerstört worden war, also mietete ich ein Sommerhaus in Slunfa, da es in Kasab noch immer nicht sicher war. Ich mietete mich dort für 30 Tage ein. Die ganze Zeit über befand ich mich dabei mitten an der Front, inmitten heftiger Kämpfe in Selma. Als ich Slunfa verließ, war ich überzeugt, dass die Terroristen schon bald in Latakia stehen würden. Sie befanden sich bereits kurz davor, lediglich eine Stunde Fahrt vom Stadtzentrum Latakias entfernt. Das syrische Heer war vollkommen erschöpft, weit zerstreut. Im Fernsehen wurden syrische Soldaten gezeigt, die sich ganz in meiner Nähe befanden und erklärten, dass die von ihnen getöteten Kämpfer Uniformen des türkischen Militärs trugen und offizielle türkische Militärpapiere bei sich hatten. Als sie das erzählten, wusste ich, dass wir nicht gegen simple, einfache Terroristen und Dschihadisten kämpften, sondern gegen die türkische Armee. Verglichen mit Syrien ist die Türkei ein riesiges Land. Einige Tage später kehrte ich nach Latakia zurück und bereitete mich geistig darauf vor, die Stadt verlassen zu müssen. Sobald die Terroristen mit dem Angriff auf die Stadt begännen, würden wir fliehen. Schon jetzt beschossen sie Latakia nahezu jeden Tag mit Raketen. Als ich dort oben war, schlugen an einem Tag elf Raketen ein, das war der Rekord. Etwa 10 Tage später trafen die Russen mit aller Macht ein, und seitdem werden die Terroristen in unserer Gegend eliminiert. Ich kann behaupten, dass Russland die syrische Küste gerettet hat. Es stimmt, und Kasab haben sie auch gerettet. Das große Problem allerdings ist Aleppo. Können wir die USA dazu bewegen, dort nicht länger Terroristen zu unterstützen? Wir hoffen es.

Der Westen verteufelt die syrische Regierung und lobt ohne Unterlass die Söldner/Terroristen. Alternativ verdreht er die Geschichten so, dass die Terroristen geschützt werden. Hier ist **Ammars** Einschätzung dazu:[6]

Zum Thema syrische Regierung: Wir unterstützen die Politik der nationalen Versöhnung. Wir stehen an der Seite der Reformation gegen die Korruption und an der Seite des Säkularismus gegen die kriminelle Salafisten-Takfiri-Wahhabiten-Logik. Wir hoffen, die Regierung lässt den syrischen Streitkräften noch mehr Unterstützung zukommen.

Was die russische Unterstützung anbelangt: Aus meiner Sicht rettet sie den syrischen Staat und bringt die Welt nach dem Ende der amerikanischen Dominanz in ein neues Gleichgewicht.

Noch immer hält Israel die syrischen Golanhöhen besetzt, noch immer lässt Israel den al-Kaida-Terroristen medizinische Versorgung zukommen und erlaubt ihnen, das besetzte Gebiet zum Kampf gegen die Syrisch-Arabische Armee (SAA) zu nutzen. Sehr oft hat sich die israelische Luftwaffe direkt in die Kämpfe eingemischt, die durch die al-Nusra-Front vertretenen al-Kaida-Milizen unterstützt und SAA-Stellungen im Süden in der Absicht bombardiert, den syrischen Staat zu stürzen.

Die USA ziehen die Fäden, sie sind der zentrale Planer des Syrienkriegs. Von Tag eins an spielen die USA im Sicherheitsrat die Rolle des al-Kaida-Verteidigers. Die Intervention der USA und ihre Politik sind der Hauptgrund für den syrischen Krieg. Sie haben Terrorgruppen in Syrien aufgebaut, mit Waffen versehen und sie unterstützt. Sie haben für diese Söldner in Jordanien und der Türkei militärische Ausbildungslager errichtet, und jetzt nutzen sie die Söldner für ihren Stellvertreterkrieg. Die USA unterstützen al-Kaida und die anderen brutalen Terrorgruppen. Kürzlich gaben die USA dem IS (Islamischer Staat in Irak und Syrien) Luftdeckung, indem sie die syrische Armee in Deir ez-Zor angriffen. Das ermöglichte es dem IS, einen strategisch wichtigen Berg zu besetzen. Und ja, es scheint, als ob der IS über eine Luftwaffe namens U.S. Air Force verfügt! Die USA haben gelogen, was den Irak anbelangte, sie haben gelogen, was Libyen anbelangt, und sie lügen, was Syrien anbelangt. Was haben Bombardierungen syrischer Infrastruktur (Brücken, Kraftwerke und Ölfelder) mit dem Kampf gegen den Terrorismus zu tun?

Die NATO und die ölreichen Golfstaaten sind nur Marionetten [...] Sklaven ihrer amerikanischen Herren. Sie setzen lediglich die Anwei-

> sungen Amerikas um, wenn sie Söldner aus aller Welt zusammentrommeln, bewaffnen, unterstützen und finanzieren, um sie dann in den Kampf gegen Syrer zu schicken, und wenn sie ihre Medien dazu nutzen, Minderheiten mit Hass und Abscheu zu überziehen. Diese verdorbenen Stammesfürsten wollen das Gesetz der Scharia einführen.

Westliche Quellen dokumentieren seit Jahren sehr umfangreich, wie die tatsächliche Sachlage in Syrien tatsächlich ist. Die Berichte von Ammar und Lilly Martin rücken die Wahrheit in den Vordergrund. Sie durchstoßen den Nebel dessen, was die Mainstreammedien berichten. Deren einziger (unausgesprochener) Zweck ist es, für einen Krieg auf globaler Ebene zu sorgen, für Leid und Armut.

Nachdem im September 2013 Ghuta angegriffen worden war, schrieb **Madschd al-Saim** einen Tag später:[7]

> Ich bin ein Syrer ... ich lebe in Syrien mitten im Geschehen. Wir haben einiges Schreckliche miterlebt. Es handelte sich niemals um eine Revolution oder einen Bürgerkrieg. Die Terroristen werden von eurer Regierung geschickt. Es sind al-Kaida, al-Nusra-Front, Wahhabiten, Salafisten, Taliban etc. und die extremistischen Dschihadisten, die der Westen, die Saudis, Katar und die Türkei schicken. Euer Obama und wer auch immer hinter ihm oder über ihm steht, unterstützt al-Kaida und führt einen Stellvertreterkrieg gegen mein Land.
>
> Wir dachten, ihr seid gegen al-Kaida, aber jetzt unterstützt ihr sie.
>
> Die Mehrheit hier liebt Assad. Er hat nie ein Verbrechen gegen sein eigenes Volk begangen ... Der Chemiewaffenangriff wurde von den Terroristen inszeniert, denen die USA, Großbritannien und so weiter helfen. Hier wissen das alle.
>
> Amerikanische Soldaten und das Volk sollten die barbarischen al-Kaida-Terroristen, die in meinem Land Christen, Muslime und alle anderen töten, nicht unterstützen.
>
> Jedes Massaker wird von ihnen begangen. In Syrien sind wir alle glücklich – die Schulausbildung und das Studium waren kostenlos für alle, das Gesundheitswesen war kostenlos, es gab keine GVO, kein Fluor, keine Chemtrails, keine [...] vom IWF kontrollierte Bank, sondern eine Zentralbank im Staatsbesitz, die 11 Prozent Zinsen gewährte. Wir

sind alle autark und haben bei keinem ausländischen Land und keiner ausländischen Bank Schulden.

Das Leben hier vor der Krise war so wunderschön. Jetzt ist es in einigen Regionen hart und furchtbar. [...]

Amerikanisches Volk ... ihr müsst euch die Kontrolle über euer einstmals so bewundernswertes Land zurückholen. Jetzt hassen euch alle, weil ihr fast überall Tod bringt.

Fragt die Iraker ... die Afghanen ... die Pakistanis ... die Palästinenser ... die Syrer ... die Mazedonier und Serben ... die Libyer ... die Somalier ... die Jemeniten ... all die Menschen, die ihr Tag für Tag mit Drohnen tötet. Beendet eure Kriege, es reicht an Kriegen. Nutzt die Diplomatie ... den Dialog ... helft ... statt Zwang auszuüben.

Es gibt zahlreiche Zeugenaussagen von Syrern sowie frei zugängliche westliche Dokumente und historische Erinnerungen, die allesamt den Wahrheitsgehalt dieser Aussage unterstreichen können.

Die Syrer durchleben einen Schrecken, den der kriminelle Westen über sie gebracht hat. Sie können nicht selbstgefällig und unentschlossen mit den Schultern zucken – nicht, wenn vom Westen bezahlte Terroristensöldner der allerschlimmsten Sorte ihr Leben und ihre uralte Zivilisation bedrohen.

Unsere Handlanger schneiden Kehlen durch, schlagen Köpfe ab und lassen keinerlei Gnade walten, während wir im Westen wankelmütig herumschwafeln, empirische Beweise ignorieren und den bequemsten und einfachsten Weg wählen, indem wir dem Lügengespinst Glauben schenken, welches die westlichen Medien geflochten haben.

Es handelt sich um einen bequemen Schleier der Verwirrung, der auf der Annahme basiert, dass es unsere Regierung am besten weiß oder dass es patriotisch sei, die Lügen und Märchen in den leeren Worten der Politiker (die uns schon lange nicht mehr vertreten) oder die falschen Erklärungen der imperialen Botschafter zu glauben. Doch dieser Schleier verbirgt, dass im Ausland ein Holocaust stattfindet.

Die Gesellschaften im Westen verrotten von innen heraus, und schuld sind diese Lügen und diese Barbareien. Wir schützen eine kriminelle Bande von Wirtschaftsglobalisten, die unsere Interessen nicht vertreten und es auch nie tun werden.

Wir sollten unsere Demokratien schützen, aber sie sind schon längst verschwunden. Was wir stattdessen unterstützen, sind transnationale Wirtschaftseliten und ihre fehlgeleiteten Projekte. Hinter dem falschen Spiel der Erklärungen von offizieller Seite explodieren Armut und Arbeitslosigkeit, während das Gemeingut hinter Worthülsen wie »Effizienz« und »Wirtschaft« verpufft. Es sind alles nur falsche Fassaden, die dazu dienen, die Eliten reicher zu machen und uns zu vernichten. Der Imperialismus in unserer Heimat ist eine verblichene Kopie des Imperialismus im Ausland.

Abscheuliche Handlanger des Westens zerstören Nationen und schlachten deren Bevölkerung ab (beispielsweise in Syrien, Libyen und der Ukraine), gleichzeitig werden öffentliche Einrichtungen kontaminiert und letztlich durch parasitäre privatisierte Faksimiles ersetzt. Staatsbanken werden geplündert und vernichtet, während die transnationalen kriminellen Banken, die Geldgeber der Weltbank und die IWF-Wucherer profitieren. Nahrungsmittelsicherheit geht vor die Hunde und wird ersetzt durch Biotechs Krakenarme und die künstlichen Abhängigkeiten von Cash Crops und ungesundem Essen. Währungen werden vernichtet, Sanktionen werden verhängt, und die gesichtslose, unsichtbare Hand der totalitären Kontrolle greift in einer Wolke aus Ablenkungen und Verwirrmanövern nach dem Ruder. Unterstützung findet sie dabei durch Kompradoren-Regime, Oligarchen-Interessen und Bevölkerungen, die bloß ratlos mit den Schultern zucken.

Syrien weigert sich, einzuknicken. Deshalb wird dem Westen beigebracht, Syrien zu hassen, und deshalb lernt der Rest der Welt, Syrien zu lieben und zu respektieren.

Dschad Nasr lebt in Syrien. Im September 2016 traf ich den damals 29-Jährigen in der Altstadt von Damaskus. Er hat einen Master-Abschluss in Englischer Literaturwissenschaft, und seine beachtlichen Fähigkeiten nutzt er gelegentlich dazu, um für syrische Würdenträger wie den Großmufti zu übersetzen.

Nasr trägt auf seiner Brust die Narbe einer Schussverletzung, und er erhält Todesdrohungen. Er sagt, Terroristen hätten auf ihn geschossen, weil sie die Wahrheit nicht hören wollten. Vermutlich ziehen die Terroristen ihre eigene Version der Wahrheit vor, wie sie ihnen von den Wahhabiten-nahen Sendern *al-Dschasira* und *Safa TV* diktiert und von allen Mainstreammedien des Westens verbreitet wird.

Nasrs Geschichte ist keine schöne Geschichte. Sie zeigt, was die Syrer tagtäglich ertragen müssen. Er erzählt, dass sein Bruder vergangenes Jahr entführt wurde, dass die Terroristen ihn gefoltert und seine Kniescheiben zertrümmert hätten. Nun kann er nicht mehr gehen. Nasrs Cousin, der in der syrischen Armee (SAA) diente, habe ein Bein verloren, als ein wahhabitischer Selbstmordattentäter sein Militärfahrzeug angriff. Ein weiterer Cousin wurde 2012 entführt und befindet sich bis heute in Gefangenschaft.

Die Terroristen sind wahre Meister im Kidnappen. Nasr erzählt, dass sie bei einer Aktion unter falscher Flagge agierten und dabei Panzer in ihre Hände bekamen. Bei Duma nahmen sie Tausende syrischer Soldaten gefangen.

Auch ihre Verteidigungstaktiken präsentieren die Terroristen gerne. Zu den beliebtesten Methoden gehört es, Gefangene als menschliche Schutzschilde zu verwenden. Nasrs Aussagen und Videobeweise belegen, dass Personen in Käfige gesperrt und auf öffentlichen Plätzen als Schutzschilde missbraucht wurden. Es ist daher überflüssig zu erwähnen, dass die Terroristen, wenn sie Städte oder Stadtteile erobern, immer mit menschlichen Gefangenen als Schutzschild agieren. Wenn sich die syrische Armee (SAA) auf einen Häuserkampf einlässt, geht sie damit ein gewaltiges Risiko ein.

Die Vereinigten Staaten von Amerika belegten das irakische Falludscha mit einem Bombenteppich. Im Gegensatz dazu tötet die syrische Armee keine syrischen Zivilisten. In den von ihnen besetzten Gebieten regieren die Terroristen mit unvorstellbarer Barbarei. Ein **Augenzeuge** des Massakers von Adra beschrieb das Geschehen dort so:[8]

> Die Rebellen begannen einen Angriff auf die Regierungseinrichtungen. Sie griffen die Polizeistation an – alle Polizisten starben nach einer kurzen Auseinandersetzung mit den zahlenmäßig deutlich überlegenen Angreifern. Die Angreifer begaben sich dann zu dem Kontrollpunkt am Stadtrand, danach zogen sie weiter zur Klinik, wo sie ein Mitglied des medizinischen Personals abschlachteten und seinen Kopf auf dem

Marktplatz zur Schau stellten. Dann schleiften sie seinen Körper vor die Stadtbevölkerung, die sich versammelt hatte, um zu sehen, was passiert. Bäckereimitarbeiter, die Widerstand leisteten, als ihre Gerätschaften abtransportiert werden sollten, wurden in ihren eigenen Öfen geröstet. Kämpfer von der al-Nusra-Front und der Islamischen Front gingen mit einer Namensliste von Haus zu Haus. Von den Personen, die sie mitnahmen, ist nie wieder eine aufgetaucht.

Als die SAA versuchte, in Adra einzumarschieren, griffen sich die Dschihadisten von den 20 000 Menschen, die sie gefangen genommen hatten, Frauen und Kinder und warfen diese von den obersten Stockwerken aus der Armee vor die Füße.

Nasr sprach auch über die Lügen, die von den westlichen Medien verbreitet werden. Während der ersten 3 Wochen der »Revolution« seien Polizei und Sicherheitspersonal angewiesen gewesen, keine Waffen zu tragen, sagt er. Während dieser Zeit wurden fünfzehn Freunde Nasrs von »friedlichen Demonstranten« getötet.

Bestätigt wird dieser Bericht von der Friedensaktivistin **Janice Kortkamp.** Sie schreibt:[9]

Die Medien lügen, was Syrien angeht ... meiner Meinung nach sollten die Chefs der Medienunternehmen wegen Kriegsverbrechen und Verbrechen gegen die Menschlichkeit angeklagt werden, denn seit Ausbruch des Syrienkrieges haben sie nur einseitige Falschheiten verbreitet. Schon davor ... während des gesamten »Arabischen Frühlings«, der vom Westen eingefädelt wurde und für den er mit »Gotteskriegern« (bezahlte Söldner, Verbrecher und Radikale, die einer Gehirnwäsche unterzogen worden waren) an einem »neuen Nahen Osten« arbeitete, der eine Dominanz des Westens und die Kontrolle über die Bodenschätze zum Ziel hat.

Der Soldat, den wir in Damaskus interviewt haben, ist ein persönlicher Held und Freund. Ein Freund, dem ich mein Leben anvertraut habe und es jederzeit und überall wieder tun würde.

Er gehörte zu den Soldaten, die im März 2011 in Dar'a waren (dort begann zu dieser Zeit die Gewalt in Syrien). Das ist sein Bericht, und er stimmt mit mehreren anderen Augenzeugenberichten zum damaligen Geschehen überein.

Das Leben eines syrischen Soldaten ist unglaublich hart. Ein Terrorist, der von den USA, den Saudis oder Katar bezahlt wird, verdient ungefähr 300 bis 400 Dollar im Monat. Ein syrischer Soldat bekommt ein Zehntel. Sie kämpfen gegen einen Feind, der oftmals unmenschlich ist. Ich weiß von einem Soldaten, der in Stücke geschnitten wurde, während die Terroristen, die ihn gefangen hielten, mit dem Vater des Soldaten telefonierten. Er musste mit anhören, wie sein Sohn zu Tode gefoltert wurde.

FALSCH: Der Syrienkrieg begann, als Präsident Assad friedliche Proteste brutal niederschlug.

WAHR: Ernsthafte Planungen für den Syrienkrieg gab es in den USA seit 2005. Die syrischen Soldaten und Polizisten durften zunächst noch nicht einmal Waffen tragen. Das änderte sich erst, als die »friedlichen Demonstranten« mehrere Hundert Polizisten und Soldaten abgeschlachtet hatten.

Kortkamp befragte einen **syrischen Soldaten,** der das fatale Aufeinandertreffen der unbewaffneten Soldaten mit den ersten vom Ausland gesteuerten Aufständischen so beschreibt:[10]

Soldat: Ich weiß nicht, wir haben ihre Gesichter gar nicht gesehen. Mein bester Freund wurde von einer Kugel getroffen, und ich war wütend und traurig. Wütend, weil wir auf diese Weise in einen Hinterhalt gelockt worden waren, wir aber nur Schlagstöcke zur Verfügung hatten und uns nicht verteidigen konnten. Wir mussten weglaufen, sie knallten uns ab wie die Vögel. Und die Demonstranten blockierten alle Zugänge, die zu uns führten, deshalb konnte uns auch kein Krankenwagen erreichen. Ich trug meinen besten Freund, und für uns war nur wichtig, ihn zu beschützen und uns zu beschützen, bis wir in Sicherheit gelangt waren. Während wir liefen, sahen wir unsere Freunde, die zivile Polizei, wie sie vor unseren Augen getötet oder unter Beschuss genommen wurden.

Auch der Enthüllungsjournalist **Rick Sterling** widerspricht der Propaganda, derzufolge Assad sein eigenes Volk tötet. Er beschrieb die ersten gewalttätigen Proteste so:[11]

> Tatsächlich gab es vom Beginn an eine gewalttätige Fraktion. Während der ersten Proteste in Dar'a kamen sieben Polizisten ums Leben. 2 Wochen später gab es in Dar'a ein Massaker an 60 Sicherheitsbeamten.

Dieselben »friedlichen Demonstranten« waren die Speerspitze der vom Westen gesteuerten Bemühungen, Regierungen zu stürzen. Hier spielten die Muslimbrüder und ausländische Agenten zentrale Rollen. Der Arabische Frühling war von Anfang an eine Operation ausländischer Geheimdienste.

Nach jüngsten Schätzungen haben derzeit Terroristen aus etwa hundert Ländern Syrien infiziert. Nimmt man die legalen Interventionen der »Achse des Widerstands« hinzu und die illegalen Kriegsverbrechen von der NATO und ihren Verbündeten, dann bedeutet dies, dass der Krieg gegen Syrien immer mehr zu einem Weltkrieg ausufert.

Wer von uns noch immer die Lügen glaubt, stärkt damit die Imperialisten, die uns in Richtung des Undenkbaren drängen.

Kapitel 2

Der große Betrug namens »Globaler Krieg gegen den Terrorismus«

Der »globale Krieg gegen den Terrorismus« oder auch »Krieg gegen den Terror« ist nichts als Betrug. Er ist buchstäblich ein globaler Krieg *für* den Terror. Das Imperium erschafft extremistische terroristische Handlanger, darunter auch den IS (nach seinem arabischen Akronym auch Daesh genannt), und nutzt diese Handlanger, um seine geopolitischen Ziele zu verfolgen.

Die Golf-Monarchien, Israel, die NATO (natürlich inklusive der Türkei) – sie alle sind an einer Verschwörung mit dem Ziel beteiligt, auf gesetzwidrige Weise in Syrien einen Regierungswechsel herbeizuführen. Sollte ihnen das nicht gelingen, planen die kriegslüsternen Nationen alternativ eine Balkanisierung des Landes.

Gemäß der Nürnberger Prinzipien verstoßen all diese imperialen Vorhaben voll und ganz gegen das Gesetz. Darüber hinaus sorgen diese Projekte allesamt dafür, dass der Terrorismus sich ausbreitet und an Macht gewinnt.

Der Westen behauptet, er kämpfe gegen den Terrorismus, dabei sieht die Wahrheit ganz anders aus: Er erschafft den Terrorismus, er unterstützt ihn und er hält ihn am Leben. Das ist der Betrug hinter der Operation »Globaler Krieg gegen den Terrorismus«.

Imperialismus und Syrien

Der neokonservative Westen und seine Verbündeten wollen den Nahen Osten zerstören, um ihn kontrollieren zu können.

Im Rahmen ihres Projekts »Neuer Naher Osten« nehmen die Kriminellen – die NATO unter der Führung der USA, der Golf-Kooperationsrat und Israel – all das ins Visier, was sie doch angeblich so sehr schätzen.

All die Werte, die die Politiker als wichtig, ja, als unumstößlich präsentieren, werden als Tarnung instrumentalisiert. Dahinter verbergen sich dunkle Strömungen, die die Menschheit hin zu einer neuen Weltordnung der Verzweiflung zerren.

Selbstbestimmung der Nationalstaaten, Souveränität, Integrität des Staatsgebiets – all das sind wichtige Bestandteile, geht es um Weltfrieden, Wohlstand und Demokratie. Abgesehen von ihrem Propagandawert sind sie für die Eliten jedoch völlig bedeutungslos. Ein metanationales, streng hierarchisches Projekt dieser Eliten kontrolliert, was wir denken und fühlen und wie wir leben.

Professor **Michel Chossudovsky,** der über Amerikas »Krieg gegen den Terrorismus« schreibt, deckt auf, welche Mächte das System manipulieren und dabei größtenteils im Halbschatten agieren – die globalen Banken und Finanzinstitute, der militärisch-industrielle Komplex, die Öl- und Energiegiganten, die Biotech- und Pharmakonzerne und die mächtigen Medien- und Kommunikationsriesen, die Nachrichten produzieren und den Verlauf der Weltpolitik beeinflussen.

Politische Wahlmöglichkeiten bleiben in dieser dystopischen Gegenwart keine mehr. Was zur Auswahl steht, ist keine echte Wahl mehr. Es handelt sich um ein Marionettentheater, das mit hohlen Phrasen und widersprüchlichen Erzählungen verkauft wird – und das bar jedweder Substanz ist.

Die tatsächliche Tagesordnung ist unbeschreiblich. Und die tatsächliche Tagesordnung muss unbeschreiblich sein, denn sie ist pures Gift, ein düsteres Destillat aus degenerierter Barbarei, größtenteils fern von allem Tageslicht.

Diese tatsächliche Tagesordnung verbirgt sich hinter der Propagandamethode der »Großen Lüge« und den Geschichten, die die Politiker gemäß ihrem Drehbuch herunterbeten. Von dort aus drückt sie allem ihren dunklen Willen auf. Fehler werden keine gemacht. Es ist alles vorherbestimmt. Bei den Sanktionen, die dem Irak vor der Invasion auferlegt wurden, war den Militärplanern absolut bewusst, dass sie vor allem Kinder betreffen würden. Die Fachleute sagten präzise voraus, wann die Wasserinfrastruktur versagen würde und wie viele Tote es geben würde.

In einem Bericht der Defense Intelligence Agency vom 22. Januar 1991 heißt es ganz präzise:[12] »Es wird mindestens 6 Monate (also bis zum Juni 1991) dauern, bevor das System (zur Wasserbehandlung) vollständig funktionsunfähig ist.« Und weiter: »Wenn es nicht gelingt, sich Vorräte anzulegen, wird es für weite Teile der Bevölkerung zu einer Knappheit kommen, was sauberes Trinkwasser anbelangt. Das könnte zu einem verstärkten Auftreten von Krankheiten führen, wenn nicht zu Epidemien.«

Das Endergebnis? Mehr als 500 000 Kinder im Alter von unter 5 Jahren wurden vorsätzlich getötet (= ermordet), dazu kamen über eine Million weitere Menschen, von denen keiner ein Verbrechen begangen hatte. Der Westen nimmt regelmäßig Unschuldige ins Visier, darunter auch Kinder, in der Absicht, in den Ländern, die erobert werden sollen, die Moral zu untergraben. Von Madeleine Albright stammt die berühmt-berüchtigte Aussage: »Der Preis (von 500 000 ermordeten Kindern) … ist es wert.« Es ist einer der seltenen Augenblicke, in denen dunkle Wahrheiten und Medienkommunikation überlappen.

Vorsätzliche Störung der irakischen Wasserversorgung im Zuge der Sanktionen

Auszug aus *»Iraq's Water Treatment Vulnerabilities«*, 22. Januar 1991

Von: DIA, Washington

An: CENTCOM

Info: CENTAF (US Central Command Air Force), GB-Angriffskommando, MARCENT (US Marine Corps Forces Central), 18 ABC (XVIII

Airborne Corps, USA), NAVCENT (US Naval Forces Central Command), SOCCENT (US Special Operations Command Central), 7. Korps, Ankara

Thema: Schwachstellen der irakischen Wasseraufbereitung, Stand 18. Januar 91 – zentrale Erkenntnisse

1. Der Irak ist für die Aufbereitung seines Wassers abhängig vom Import spezieller Ausrüstungsgegenstände und einiger Chemikalien. Das irakische Wasser ist stark mit Mineralien durchsetzt und immer wieder brackig bis salzig.
2. Es gibt weder für Ersatzteile der Wasseraufbereitung noch für einige zentrale Chemikalien inländische Bezugsquellen. Der Irak wird deshalb weiter versuchen, die Sanktionen der Vereinten Nationen zu unterlaufen und diese wichtigen Waren zu importieren.
3. Gelingt eine Bevorratung nicht, wird das Resultat eine Verknappung von sauberem Trinkwasser für den Großteil der Bevölkerung sein. Das könnte zu einem verstärkten Auftreten von Krankheiten, wenn nicht zu Epidemien führen ...

28. Das irakische System der Wasseraufbereitung wird nicht abrupt zusammenbrechen, ... eine vollständige Funktionsunfähigkeit der Wasseraufbereitungssysteme wird mindestens weitere 6 Monate dauern.

Die gegen Syrien und die Syrer verhängten unrechtmäßigen Sanktionen fordern einen furchtbaren Preis. **Dr. Justine Walker** schreibt in »National Agenda for the Future of Syria«: »Die kombinierten Auswirkungen umfassender, einseitiger Sanktionen, terroristischer Probleme und der anhaltenden Sicherheitslage haben für diejenigen, die unmittelbare humanitäre Hilfe und umfassendere Stabilisierungsprogramme umsetzen wollen, immense Hindernisse aufgeworfen.«[13]

Auch als sie sich auf die Schutzverantwortungsklausel beriefen, um den souveränen Staat Libyen zu bombardieren, um Muammar al-Gaddafi zu ermorden, um die Wasserinfrastruktur des Landes zu zerstören, um Libyen zu plündern, um brandzuschatzen, um Völkermord zu betreiben und eine IS-Hochburg zu errichten, wussten die Militärplaner, dass sie Bodentruppen von al-Kaida in Libyen unterstützen. Vor der Invasion genossen die Menschen in Libyen den höchsten Lebensstandard in ganz Afrika. Fehler wurden keine gemacht. Die Schmuggelrouten für Waffen von Libyen nach Syrien waren auch kein Fehler. Der Westen hat seine terroristischen Handlanger vorsätzlich finanziert, auf dass sie gut versorgt wären für ihre Invasion in Syrien. Dass die Terrorinfanterie mit Waffen ausgerüstet und ausgebildet wurde und dass man finanziell aushalf, als die zusätzlichen Einnahmen etwa aus dem Drogenhandel, dem Plündern historischer syrischer Artefakte oder dem Diebstahl syrischen Öls versiegten – alles vom Westen geplant. Und wieder ist ein Irrtum ausgeschlossen.

SUBJECT: ~~(S//NF)~~ (b)(3):10 USC § 424 FORMER-LIBYA MILITARY WEAPONS Shipped to Syria via the Port of Benghazi, Libya

DATE OF INFORMATION: (U) 1 May 2012 - 1 Sep 2012.

CUTOFF: (U) 18 Sep 2012.

(b)(3):10 USC § 424,(b)(3):50 USC § 3024(i)

WARNING: (U) THIS IS AN INFORMATION REPORT, NOT FINALLY EVALUATED INTELLIGENCE. REPORT CLASSIFIED ~~SECRET//NOFORN~~.

TEXT: 1. ~~(S//NF)~~ EXECUTIVE SUMMARY. Weapons from the former Libya military stockpiles were shipped from the port of Benghazi, Libya to

14-L-0

(b)(3):10 USC § 424

the Port of Banias and the Port of Borj Islam, Syria. The weapons shipped during late-August 2012 were Sniper rifles, RPG's, and 125mm and 155mm howitzers missiles.

2. ~~(S//NF)~~ During the immediate aftermath of, and following the uncertainty caused by, the downfall of the ((Qaddafi)) regime in October 2011 and up until early September of 2012, weapons from the former Libya military stockpiles located in Benghazi, Libya were

shipped from the port of Benghazi, Libya to the ports of Banias and the Port of Borj Islam, Syria. The Syrian ports were chosen due to the small amount of cargo traffic transiting these two ports. The ships used to transport the weapons were medium-sized and able to hold 10 or less shipping containers of cargo. (NFI)

3. ~~(S//NF)~~ The weapons shipped from Libya to Syria during late-August 2012 were Sniper rifles, RPG's, and 125mm and 155mm howitzers missiles. The numbers for each weapon were estimated to be: 500 Sniper rifles, 100 RPG launchers with 300 total rounds, and approximately 400 howitzers missiles [200 ea - 125mm and 200ea - 155 mm].

Die Seiten 1 bis 3 des Defense-Intelligence-Agency-Dokuments 14-L-0552/DIA, datiert auf Mai bis Ende August 2012 und im April 2015 freigegeben, zeigen ganz zweifelsfrei, dass die libyschen Waffenkammern geplündert und ihr Inhalt nach Syrien verschifft wurde, nachdem der Westen Libyen vernichtet hatte.

Der Bericht stellt fest:[14] Westliche Geheimdienste, verbündet mit dem wahhabitischen Saudi-Arabien und Pakistans [militärischem Nachrichtendienst] Inter-Services Intelligence (ISI), arbeiten weiter am Verfall des Landes, indem sie neuen Rekruten die unislamische wahhabitische Ideologie eintrichtern. **Ahmed Raschid** schreibt:[15]

> 1979 wurde als Reaktion auf den Einfall der Sowjetunion in Afghanistan »die größte verdeckte Operation in der Geschichte der CIA (Central Intelligence Agency)« ins Leben gerufen.
>
> Mit aktiver Ermutigung durch die CIA und Pakistans ISI (Inter-Services Intelligence), die aus dem Heiligen Krieg der Afghanen einen globalen Krieg aller Muslime gegen die Sowjetunion machen wollten, schlossen sich zwischen 1982 und 1992 rund 35 000 radikale Muslime aus vierzig islamischen Ländern dem Kampf Afghanistans an. Zehntausende weitere kamen zum Lernen in Pakistans Religionsschulen. Letztlich wurden über 100 000 ausländische radikale Muslime direkt vom afghanischen Dschihad beeinflusst.

Durch den ISI ließ die CIA Kinder in den Medresse genannten Religionsschulen indoktrinieren. Ganz genauso impft der IS in den von ihm besetzten Teilen Syriens syrischen Kindern die wahhabitische Ideologie ein.

In »U.K.: Jihadists as ›Charity Workers‹«[16] schreibt **Samuel Westrop,** dass der IS in den Gebieten, die unter Kontrolle der Organisation stehen, nicht nur zu Gewaltmitteln greift, sondern auch mit Da'wa-Programmen arbeitet. Da'wa ist ein System zur Versorgung sozial Schwacher, eine Art »Soft Power«-Ansatz. Bei dieser speziellen Form von Da'wa (normalerweise wird Da'wa nur als Bekehren zum Islam definiert) kommen Bildungsinitiativen zum Einsatz »als Teil der allgemeineren Strategie, eine neue Generation von Syrern heranzuziehen, die hinter der ideologischen Agenda [des IS] stehen«.

Diese unislamische Ideologie wird absichtlich in den besetzten Gebieten des säkularen, pluralistischen und demokratischen Syriens gefördert. Ziel ist es, Kinder in »Waffen« zu verwandeln und das Land mit einem Krebsgeschwür von Wahhabismus und Gewalt zu zerstören.

All das geschieht nicht zufällig. Für all das haben der imperiale Westen, seine Verbündeten und die Geheimdienste sehr viel Vorarbeit geleistet und sich sehr viele Gedanken gemacht. Der Westen behauptet, er verbreite die Demokratie, tatsächlich jedoch trägt er den Terrorismus – in Form des Wahhabismus –, Tod und Zerstörung bei all seinen von langer Hand geplanten und einzig dem Ausbau des Imperiums dienenden Invasionen mit sich.

Syrien stellt sich gegen die westlichen Agenten von Tod und Vernichtung. Es ist ein Kampf für die gesamte Menschheit gegen die dunklen Kräfte, die hinter den leeren Phrasen unserer Politiker und den giftigen Lügen der Medienkurtisanen schwären.

Internationales Kapital und Syrien

Heimlicher Antrieb des barbarischen Handelns, das der Westen an den Tag legt, ist ein rücksichtsloser Kapitalismus. Syrien steht an vorderster Front im Kampf gegen diese Diktatur einer Globalisierungsideologie, für die Kapital und Märkte wichtiger sind als Menschen und Nationalstaaten.

Das wahhabitische Saudi-Arabien, die Emirate am Golf, Israel und die NATO versuchen nun, Syrien diesen versteckten Antrieb des Imperialismus, das »internationale Kapital«, aufzuzwingen.

Robin Matthews beschreibt in »The Trans Pacific Partnership: Canada und Imperial Globalization«, wie sehr wir in den Klauen des internationalen Kapitals stecken:[17]

> Typisch für diese imperiale Globalisierung ist es, Menschen und Geschehnisse zum Nutzen einiger weniger zu manipulieren. Dazu gehört die massive Desinformation, was Gleichheit, Vorteile, soziale Entwicklung, Recht, bessere Lebensstandards und so weiter anbelangt. Verbreitet wird diese Fehlinformation durch maßgebliche Nachrichtenquellen. In den Händen gigantischer, reicher Privatkonzerne ist die Globalisierung ein Prozess, der souveräne Demokratien vernichten und durch »vertragsgebundene« Substaaten ablösen soll, Wirtschaftskolonien, die von gesichtslosen, im Ausland ansässigen und oftmals geheimen Mächten regiert werden, die niemandem Rechenschaft ablegen.

Den Kanadiern macht man weis, dass sie in einer freien und demokratischen Gesellschaft leben. Tatsächlich manipuliert man uns immer stärker dahingehend, dass wir die Diktatur des transnationalen Kapitals akzeptieren. Seinen Ausdruck findet das Kapital durch internationale Finanzunternehmen (im Gegensatz zu Banken in Staatsbesitz) und durch »Freihandels«-Abkommen. Sie alle drängen die gewählten Volksvertretungen in den Hintergrund und dienen den Interessen einer internationalen Oligarchenklasse. Die Leidtragenden sind die Kanadier. National und international wird immer mehr Wohlstand in den Händen von immer weniger Menschen gebündelt.

Wie konnte es geschehen, dass Syrien – das vor den von langer Hand geplanten »Interventionen« frei von Terroristen war – in den fragwürdigen Genuss gekommen ist, zum Frontschauplatz im Kampf gegen den Westen zu werden?

Syrien beharrt darauf, seinen eigenen Weg zu gehen. Das Land weigert sich, Vasall der unter Führung der USA stehenden Kräfte des rücksichtslosen Kapitalismus zu werden, dieses Kapitalismus, der die Ressourcen der Welt zum Nutzen einer transnationalen Oligarchenklasse absaugt.

Für die Imperialisten wiederum ist Völkerrecht etwas, über das man sich getrost hinwegsetzen kann.

Länder werden erschlossen, um Humankapital und Bodenschätze ausbeuten zu können. Transnationale verbrecherische Bankiers heben einstmals souveräne Länder aus den Angeln. Dafür arbeiten sie mit Wucherdarlehen und gebündelten Strukturprogrammen, die staatliche Vermögenswerte privatisieren und zur Plünderung freigeben. Wer profitiert? Der zuvor mit Staatsmitteln vor dem Kollaps gerettete Privatsektor.

Wenn sonst nichts funktioniert und die Sanktionen noch nicht ausreichend unschuldige Zivilisten getötet und entmutigt haben, dann müssen sich die widerspenstigen zivilisierten Nationen mit der Infanterie des Imperiums auseinandersetzen. Dazu zählen in Syrien IS/Daesh und al-Kaida/al-Nusra-Front.

In einem Interview vom Juni 2016 erklärte **Zafar Bangath,** Leiter des Institute of Contemporary Islamic Thought und Präsident der Islam-Gesellschaft für den zu Toronto gehörenden Bezirk York, dass das Imperium versucht, in Syrien eine gefügige Marionettenregierung zu installieren, Syrien zu vernichten und die israelische Vorrangstellung zu bewahren. Schon jetzt, so Bangath, hätten die Aggressoren in dem geplagten Land Schäden im Wert von 100 Milliarden Dollar angerichtet.

Mit seiner Schätzung ist Bangath noch zu konservativ. Eine Studie, die in *The Lancet* (»Syria: end sanctions and find a political solution to peace«[18]) veröffentlicht wurde, deutet an, dass Ende 2014 die Kosten der illegalen Sanktionen gegen Syrien 143,8 Milliarden Dollar betrugen und dass 80 Prozent der Bevölkerung in Armut lebten.

Präsident Assad weiß sehr wohl, dass hinter den Söldnern, die in sein Land einfallen, imperiale Kräfte wirken. Am 6. Juni 2016 sprach Assad zu den neu gewählten Mitgliedern des syrischen Parlaments, der Volksversammlung. Dabei äußerte er sich auch zur Vorgehensweise der Invasoren:[19]

- Sie wollen mithilfe einer sogenannten Übergangsphase die Verfassung angreifen.
- Sie wollen die beiden Säulen der Regierung vernichten – die Armee und die von Vielfalt geprägte, nationale, panarabische und religiöse Identität der Syrer.
- Sie wollen die brutalen Terroristen als Gemäßigte verkaufen und ihnen damit zu einem dauerhaften Deckmantel der Legitimität verhelfen.
- Sie wollen Chaos anrichten, für Sektiererei sorgen und ethnische Enklaven erschaffen. Der Einsatz, den die Menschen für ihr Land zeigen, soll umgelenkt werden auf widersprüchliche Gruppen, die sich gegen ihre eigenen Mitbürger Hilfe aus dem Ausland holen.
- Sie wollen sich als humanitär motiviert und als Beschützer präsentieren, die das Volk vor (dem doch erst von außen ins Land getragenen) Konflikt und Leid retten wollen.

Indem sie das Volk mit Wirtschaftsterrorismus und bewaffnetem Terrorismus überziehen, indem sie gegen ihre eigenen Handlanger einen künstlichen Krieg führen und indem sie die Infrastruktur eines Landes vernichten, wollen sich die Imperialisten als Erlöser darstellen, als humanitär und als Beschützer. Anschließend können sie den »freien Markt« des internationalen Kapitals installieren, der dann dem besetzten Land den endgültigen Todesstoß versetzt und es endgültig zerstört.

Ähnliche Ereignisse haben wir zuletzt in Libyen und Irak miterlebt.

In »Aspiring to Rule the World: US Capital and the Battle for Syria« schreibt **Stephen Gowans:**[20]

> Jedes Land, in dem die Vereinigten Staaten seit Ende des Zweiten Weltkriegs direkt oder durch Stellvertreter militärisch interveniert haben oder das sie militärisch bedroht haben, wies eine große Staatswirtschaft auf, in der die Regierung eine zentrale Rolle spielte, oder es wies eine demokratisierte Wirtschaft auf, in dem die Produktionswerte von privaten Investoren (zumeist aus dem Ausland) an Arbeiter und Bauern umverteilt worden waren. Die Möglichkeiten für US-Banken, US-Firmen und US-Investoren, den Boden, die Arbeitskraft, die Märkte und die Ressourcen dieser Länder auszubeuten, waren begrenzt, wenn sie nicht sogar vollständig ausgesperrt waren. Zu diesen Ländern zählen die Sowjetunion und ihre verbündeten sozialistischen Staaten: China, Nordkorea, Nicaragua, Jugoslawien, Irak, Libyen, Iran und jetzt Syrien. Von einer Außenpolitik, die von einer wohlhabenden Investorenklasse dominiert wird, würden wir ein derartiges Vorgehen erwarten.

Professor **John McMurtry** fügt hinzu, dass die ins Visier genommene Nation ausnahmslos in ihren sozialen Strukturen höher entwickelt ist als ihre Nachbarn. Das laufe den Zielen des Westens zuwider, denn er strebe eine supranationale Kontrolle der Unternehmen über Ressourcen und Märkte an. Also würden sich die Ziele verschieben. Nun gehe es darum, diese Gesellschaftsstrukturen zu zerschlagen und sie durch parasitäre Modelle zu ersetzen, die den Reichtum der Oligarchenklassen weiter mehren und die Massen weiter verarmen lassen. Es ist eine auf globale Ebene ausgeweitete Siedler/Kolonialisten-Dynamik, bei der die Massen – auch jene in den NATO-Aggressorstaaten – verarmen und ihre soziale Lebensgrundlage einbüßen, während die inländischen und internationalen Oligarchenklassen weiter Wohlstand anhäufen. Nehmen wir nur die Beispiele Irak, Libyen und Syrien.

Ghali Hassan berichtet in »Living Conditions in Iraq: A Criminal Tragedy«, dass der Irak vor 1991 eines der besten Gesundheitssysteme im gesamten Nahen Osten vorweisen konnte und eines der besten Bildungssysteme. Sanitäreinrichtungen und Wasserinfrastruktur waren ebenfalls auf hohem Niveau. Hassan schreibt weiter, dass der Irak im Index der menschlichen Entwicklung, einer Erhebung der Vereinten Nationen, unter 130 Staaten auf Rang 50 rangierte.

Bevor die NATO in Libyen einfiel, habe das Land den höchsten Lebensstandard aller afrikanischen Nationen besessen, so Hassan. Im Index der menschlichen Entwicklung habe Libyen auf einem für die Region überdurchschnittlich guten Platz rangiert, das Gesundheitswesen sei kostenlos gewesen, ebenso das staatliche Bildungswesen. Die Alphabetisierungsquote bei Erwachsenen habe 89 Prozent betragen (wobei die Mädchen im höheren Schulwesen und bei Studium zehn Punkte vor den Jungen lagen), es gab subventionierte und damit bezahlbare Lebensmittel und praktisch keinerlei Obdachlosigkeit.

Ein ähnliches Bild ergibt sich für Syrien. In einem Artikel von **Eva Bartlett** sagt **Dr. Bhoutaina Shaaban,** ehemalige Professorin an der Universität von Eastern Michigan und inzwischen politische und Medienberaterin von Präsident Assad:[21]

> Syrien zählte einst weltweit zu den Ländern, die sich am schnellsten entwickeln, und es war eines der sichersten. Bei uns sind Bildung und das Gesundheitswesen kostenlos. Wir kannten keine Armut, wir bauten unsere Lebensmittel an und stellten unsere Kleidung selbst her. An den Universitäten waren 55 Prozent der Studierenden Frauen.

Syrien steht heute internationalen Kräften der Finanzwelt gegenüber, die die ganze Existenz des Landes bedrohen. Diese imperialen Kräfte wollen eine globale Diktatur des Kapitals errichten. Äußerlich tritt dieses Vorhaben durch die Wirtschaftssanktionen zutage und durch die Terroristen, die nach Syrien eindringen und das Land heimsuchen. Gleichzeitig tritt es durch inneren Imperialismus in westlichen Ländern wie Kanada zutage, wo die öffentlichen Mittel immer stärker zum Wohle internationaler Investoren und in- wie ausländischer Oligarchenklassen geplündert werden.

Der räuberische transnationale Kapitalismus trägt Krieg und Armut in die Welt hinaus. Anstatt an seinem Altar zu huldigen, sollten wir mit dem Lebenskapital und den begleitenden Mächten wirtschaftlicher und politischer Demokratie arbeiten.

Kapitel 3

Vorgetäuschte humanitäre Absichten als Tarnung für schwerste Verbrechen

Teil des Täuschungsapparats ist es, ein humanitäres Anliegen vorzutäuschen und dann das genaue Gegenteil dessen zu tun, was eigentlich erforderlich wäre. Kanada beispielsweise verkauft sich aktuell als Vorreiter in Sachen Humanitarismus und nimmt syrische Flüchtlinge auf. Familien, Frauen, Kinder und Homosexuelle werden bevorzugt. Das Ganze ist sehr löblich und zweifelsohne ein Geschenk des Himmels für diejenigen Menschen, die sich in Sicherheit bringen wollen vor den ausländischen Söldner-Terroristen, die in Syrien einfallen. Aber die Fototermine tragen auch dazu bei, die korrekte Diagnose und die notwendige Therapie für die Krankheit zu verschleiern, die Syrien befallen hat.

Wenn Kanada Militärgerät an Saudi-Arabien verkauft, ist Kanada Teil der Krankheit. Und was noch wichtiger ist: Kanada hat beschlossen, sich auf die Seite des Krebsgeschwürs zu stellen anstatt auf die Seite der Therapie. Damit trägt das Land dazu bei, dass die Krankheit im Ausland weiter wächst und wuchert. Das Krebsgeschwür sind die NATO und ihre Verbündeten, darunter Saudi-Arabien, Katar und Jordanien. Wir sind die Länder, die die Terroristen finanzieren, und wir sind der Krebs, der in Syrien gesetzwidrig einen Regierungswechsel erzwingen will. Obwohl die Behauptungen von Präsident Assads Brutalitäten nicht bewiesen sind, betonte Kanadas Verteidigungsminister Harjit Sajjan: »Präsident Assad muss weg, das erfordern die Komplexität des Problems und die furchtbaren Gräueltaten, die seinem eigenen Volk angetan werden.«[22] Wenn Sajjan Präsident Assad verteufelt, dann hat das mit Realität nichts mehr zu tun.

Parlamentswahlen in Syrien 2016

Am 18. April 2016 veröffentlichte der kanadische Friedensaktivist **Ken Stone** einen Artikel aus Damaskus. Darin berichtete er über die heiß umkämpften Parlamentswahlen: »Die syrischen Wahlen vom Dienstag waren auch ein Vertrauensvotum der syrischen Bevölkerung in ihre Regierung. Von 8 834 994 Wahlberechtigten gaben 5 085 444 ihre Stimme ab.«[23]

Obwohl der Krieg viele Menschen vertrieben hat und die Bedrohung durch Terrorismus hoch ist, lag die Wahlbeteiligung bei 58 Prozent – genauso hoch wie bei den jüngsten landesweiten Wahlen in Kanada. Die Nationale Einheitsliste, der die regierende Baath-Partei und ihre Verbündeten angehören, gewann 200 der 250 Sitze in der Volksversammlung.

Bei einer Pro-Regierungs-Demonstration in der Provinz Aleppo schwenken am 29. April 2014 syrische Bürger und Bürgerinnen die Landesfahne und halten Fotos des syrischen Präsidenten Baschar al-Assad hoch

Noch beeindruckender waren die Präsidentschaftswahlen von 2014. Anders als bei den Parlamentswahlen, über die Stone berichtete, fanden in den von Terroristen besetzten Gebieten keine Wahlen statt. In den Regionen unter Kontrolle der Regierung lag die Wahlbeteiligung bei 73,4 Prozent. 88,7 Prozent der abgegebenen Stimmen entfielen auf Präsident Assad.[24]

»Brutale Diktatoren«, die »ihr eigenes Volk bombardieren«, finden nicht dieses Maß an Unterstützung bei der Bevölkerung.

Und dennoch zeigen Sajjans Aussagen, dass Kanada die Strategie der USA unterstützt, wie sie in Dokument 14-L-0552/DIA/287-293 der Defense Intelligence Agency skizziert wird: Man nimmt kriminelle Terroristen, die jetzt gerade unter dem Namen IS laufen, und versucht mit ihrer Hilfe, die souveräne Nation Syrien zu vernichten und die rechtmäßige Regierung zu stürzen. Im Zusammenspiel mit der NATO und deren Verbündeten will Kanada Syrien in einen sicheren Zufluchtsort für Terroristen verwandeln und dort eine Form von

Theokratie einführen. Dieses Vorgehen steht im Einklang mit der derzeitigen NATO-Strategie, fanatische Terroristen zu nutzen, um den Irak, Libyen und die Ukraine zu vernichten. Der Irak ist bis heute infiziert von Terroristen, die mit dem Westen verbündet sind. Interessanterweise gab es dort vor der unrechtmäßigen Invasion von 2003 keine Terroristen.

Libyen ist inzwischen von Terroristen verseucht – denselben Terroristen, die die NATO während ihres unrechtmäßigen Regierungsumsturzes unterstützte. Die Ukraine ist infiziert mit Terroristen aus dem Neonazi-Umfeld, Personen, die vor dem Einmischen der NATO zurückgedrängt worden waren. Im Gegensatz zu den »Interventionen« des Westens in Syrien steht Russlands Intervention im Einklang mit dem Völkerrecht: Präsident Assad bat Russland um militärische Unterstützung, und der Sicherheitsrat der Vereinten Nationen stimmte dem Vorgehen zu. Während Russland Syrien also sicher für die Syrer macht, tut der Westen genau das Gegenteil. Ist Russland mit seiner militärischen Unterstützung erfolgreich, wird die Terrorpest in Syrien geheilt und damit das Flüchtlingsproblem gelöst. Syrien wäre sicher für alle, auch für Familien, Frauen, Kinder und Homosexuelle. Falls die direkten Ursachen des Terrorismus nicht identifiziert und behandelt werden, werden die Flüchtlingsströme anhalten und noch weitere Länder von der Terror-AG in Mitleidenschaft gezogen. Einerseits ermöglichen und unterstützen die NATO-Länder den Terrorismus überhaupt erst, andererseits wahren sie ihr Gesicht und übertünchen ihr kriminelles Vorgehen, indem sie Flüchtlinge aufnehmen. Aus PR-Sicht geht die Rechnung auf. Aber wären die Absichten der NATO tatsächlich humanitärer Art, würde das Bündnis seine Unterstützung für die Terroristen einstellen. Das sollte nicht allzu schwer sein. Würde die Krankheit korrekt diagnostiziert und behandelt, gäbe es keine Flüchtlinge. Zu einer korrekten Diagnose würde sowohl das Eingeständnis gehören, dass wir an der kriminellen Zerstörung Syriens beteiligt sind, als auch die Anerkennung für das, was Syrien geleistet hat und was Assad dazu beigetragen hat. Ein Artikel mit dem ironischen Titel »Les crimes de Bashar al-Assad depuis juin 2000« (»Die Verbrechen, die Baschar al-Assad seit Juni 2000 begangen hat«) führt einige von Assads bemerkenswerten Errungenschaften auf:[25]

- Bau und Renovierung von 10 000 Moscheen und 500 Kirchen.
- Bau und Renovierung von 8000 Schulen, 2000 Instituten und 40 Universitäten.
- Bau von mehr als 600 000 Wohnungen/Häusern für junge Menschen.
- Bau und Modernisierung von über 6000 Krankenhäusern und Kliniken.
- Errichtung von fünf internationalen Industriegebieten.
- Eröffnung von sechzig internationalen Banken in Syrien.
- Öffnung des syrischen Marktes für fünf Telekomfirmen (Internet-Dienstleister und Mobilfunk der zweiten Generation).
- Lizenzvergabe an zwanzig unabhängige Zeitungen und
- Magazine sowie fünf Satelliten-TV-Stationen.
- Förderung der Künste, Theater, Komödie, Drama. Über 20 000 syrische Schauspieler wurden ausgezeichnet.
- Bau und Modernisierung von Stadien und Sportanlagen. Syrische Athleten sind in Bereichen wie Reiten, Schwimmen, Ringen oder Turnen weltweit sehr angesehen.
- Erhöhungen des [nominellen] Lohns um 300 Prozent.
- Ausbau und Modernisierung der syrischen Streitkräfte.
- Während global eine Wirtschaftskrise herrscht, ist Syriens wirtschaftliche Lage sehr gut.
- Tausende neuer Unternehmen werden gegründet: Restaurants, Hotels, touristische Einrichtungen, Freizeitzentren, Einkaufszentren, Fabriken ...
- Obwohl die Zahl der Menschen, die auf den Arbeitsmarkt kommen, steigt, sank die Arbeitslosenquote von 28 auf 12 Prozent.
- Infrastrukturmaßnahmen: Mehr als eine Million Häuser und Wohnungen im ganzen Land werden an die Netze für Strom, Telefon, Trinkwasser und Sanitäranlagen angeschlossen.
- Begleichung sämtlicher Staatsschulden und Steigerung der Kapazitäten von Landwirtschaft und Industrie um 600 Prozent.
- Ausbau des Tourismusgeschäfts. Syrien war von den arabischen Ländern das mit den drittmeisten Besuchern, weltweit rangierte das Land auf Platz 83.

- Ausbau des öffentlichen Transportwesens, von Flughäfen, Häfen und Busstationen. Die Preise blieben auf niedrigem Niveau.
- Für Arme, Waisen und Behinderte wurden Tausende Vereinigungen gegründet.
- Syrien ist das wichtigste Land der Region, wirtschaftlich, politisch, militärisch ... Assad ist die wichtigste Persönlichkeit.

Assads Reformen erinnern an das, was die Regierung Gaddafi erreichte, bevor Libyen von der NATO und ihren Verbündeten zerstört wurde.

Westliche Terroristen hätten immer wieder Syriens Krankenhäuser attackiert, sagt Professor **Tim Anderson.** Zwischen 2011 und 2013 hätten sie von den 94 landesweiten Krankenhäusern 67 angegriffen.

Die Kolonisatoren nutzen noch eine weitere Strategie, um Völker zu vernichten und zu unterwerfen – sie hungern sie aus.

In »*Syria Dying, UN Cyclopes Lying. Still*« erklärt **Miri Wood:**[26]

> Diese degenerierten Menschen lügen ganz offensichtlich und geben der syrischen Regierung die Schuld an dem Hunger, den es vor 5 Jahren noch gar nicht gab. Die P3 der Uno-Mafia-Cliquen-»Botschafter« (USA, Großbritannien und Frankreich, auch bekannt als »F*UK*US«) scheinen eine Art verbales Ballspiel zu betreiben. Sie spielen sich gegenseitig die Bälle zu: »Belagerung und Hunger«, »Verhungert oder ergebt euch« ...

In einem älteren Artikel schrieb Wood, dass die westlichen Terroristen in der Absicht, die Bevölkerung in den Hunger und die Unterwerfung zu treiben, Lebensmittelvorräte stehlen und horten. Wenn die Besatzer die Lebensmittel kontrollieren, sind ausgehungerte Menschen meistens offener für deren Forderungen.

Lilly Martin bestätigt das Gesagte:[27]

> Meine Freundin sprach per Handy mit ihren direkten Verwandten, die immer noch im Osten von Aleppo als Geisel gehalten werden. Sie haben keine Nahrung. Wollen verzweifelt hinaus. Ihre Häuser sind zer-

stört, also ziehen sie einfach in ein Haus ein, das bewohnbar ist. Sie haben die Freie Syrische Armee (FSA) angefleht, sie gehen zu lassen, aber die FSA hat Nein gesagt. Sie schwenkten eine weiße Fahne aus dem Fenster in der Hoffnung, evakuiert zu werden, falls die syrische Armee eintrifft. Aber die FSA beschoss sie und befahl ihnen, die weiße Fahne verschwinden zu lassen. Sie wissen, dass viele abhauen, das wissen sie aus Telefonaten mit anderen, die sagen, sie seien herausgekommen, und sich nun nach dem Stand der Dinge erkundigen. Vor einigen Tagen haben sie sechs Angehörige verloren. Diese Familie floh aus einem Dorf namens Bab, nicht weit von Aleppo entfernt. Da war dieser Kontrollpunkt des IS, und sie haben die gesamte Familie erschossen. Zeugen informierten andere, die es dann den Angehörigen mitteilten. Die Leichen wurden in die Türkei gebracht. Die Familienmitglieder, die in Ost-Aleppo sind, sagten, ihr Plan sei es, morgen im ersten Tageslicht aufzustehen, sich einer großen Gruppe von Zivilisten anzuschließen und mit ihnen zum Ausgang zu rennen. Sie haben gesehen, dass die syrische Armee sehr rasch vorrückt, es geht wie am Schnürchen. Die Terroristen ziehen sich zurück, und entweder geben sie auf, oder sie werden bald getötet. Laut dem Augenzeugenbericht, der heute Morgen per Handy kam, scheint es, dass die syrische Armee morgen oder einen Tag später imstande sein könnte, das Gebiet als gesäubert und von Terroristen befreit zu erklären. Dann geht es daran, all die armen Menschen mit Lebensmitteln zu versorgen und ihnen ein Dach über dem Kopf zu beschaffen. Die Armen waren über 3 Jahre lang Geiseln der von Amerika und Europa (ganz zu schweigen von Australien und den Golf-Monarchien) unterstützten Terroristen. Jedes Haus in Syrien wird wieder aufgebaut werden, und die USA und ihre Verbündeten in der EU und der arabischen Welt werden jeden einzelnen Nagel bezahlen.

Martins Geschichte wird durch eine Aussage bestätigt, die der Hohe Kommissar der Vereinten Nationen für Menschenrechte am 9. September 2016 machte. Darin wird den Abu-Amara-Brigaden und der Levante-Front (al-Dschabhat al-Schamia, ehemals al-Nusra-Front/al-Kaida in Syrien) vorgeworfen, Zivilisten als Schachfiguren für ihre Zwecke zu missbrauchen und sie daran zu hindern, das Kriegsgebiet zu verlassen.[28]

Die zerstörte Barada-Quelle nahe der Stadt Ejn-Widsche westlich von Damaskus, der einzigen Trinkwasserquelle für ca. 6 Millionen Menschen

Die Analystin und Kommentatorin **Sarah Abdallah** führt aus, in welcher Form die Terroristen mit Zwang arbeiten:[29]

> Der bemerkenswerte Vormarsch der syrischen Armee im Osten von Aleppo setzt sich fort:
>
> Heute wurden vier weitere Stadtteile befreit, darunter auch das wichtige Viertel Sakur. Allein in den vergangenen 48 Stunden wurden zwölf Stadtteile Ost-Aleppos befreit. In einem Bezirk nach dem anderen schmelzen die »gemäßigten« Terroristen dahin. Die wichtigste Meldung des heutigen Tages allerdings ist die, dass die SAA die Wasserpumpstation Suleiman al-Halabi zurückerobern konnte. Die Wasserkrise in Aleppo gehört der Vergangenheit an! Seit 2012 hatten von der Türkei unterstützte »Gotteskrieger« der Bevölkerung Aleppos das Wasser abgedreht. So wollte man die Menschen erpressen, die

»Revolution« zu unterstützen. Die Folge: Krankheiten und Unterernährung erreichten ein beispielloses Ausmaß. Jetzt jedoch, während die SAA ihrem Ziel immer näherkommt, Aleppo vollständig zu befreien, konnte sie die Wasserversorgung von über einer Million Menschen wiederherstellen.

Nach der Befreiung von Aleppo im Dezember 2016 zerstörten oder vergifteten Terroristen Wasserquellen und Infrastrukturen, die Damaskus versorgen. Darüber hinaus meldete die staatliche Nachrichtenagentur SANA am 30. Dezember 2016, dass die Terroristen Aleppo von der Wasserversorgung abgeschnitten hätten.

Was für die Sanktionen gegen den Irak zutraf, gilt auch hier: Wer Menschen vorsätzlich den Zugang zu Wasser verwehrt, der verstößt gegen die Genfer Konventionen. Im Zusatzprotokoll vom 8. Juni 1977 zu den Genfer Abkommen über den Schutz der Opfer internationaler bewaffneter Konflikte heißt es in Artikel 54:[30]

Es ist verboten, für die Zivilbevölkerung lebensnotwendige Objekte wie Nahrungsmittel, zur Erzeugung von Nahrungsmitteln genutzte landwirtschaftliche Gebiete, Ernte- und Viehbestände, Trinkwasserversorgungsanlagen und -vorräte sowie Bewässerungsanlagen anzugreifen, zu zerstören, zu entfernen oder unbrauchbar zu machen, um sie wegen ihrer Bedeutung für den Lebensunterhalt der Zivilbevölkerung oder der gegnerischen Partei vorzuenthalten, gleichviel ob Zivilpersonen ausgehungert oder zum Fortziehen veranlasst werden sollen oder ob andere Gründe maßgebend sind. [Offizieller deutscher Vertragstext]

Die unrechtmäßigen Sanktionen des Westens sind Teil der Belagerung Syriens und der syrischen Bevölkerung. 23 Millionen Syrer werden Tag für Tag von diesen Sanktionen belagert. **Dr. Munir Rothman,** Leiter eines syrischen Krankenhauses, berichtet:[31]

Wir haben die Bilder von Omran gesehen. Es ist traurig, aber es gibt viele weitere Omrans. Wir haben die Maden unter der Haut verletzter Kinder gesehen, die dort ganz einfach deshalb sind, weil es an grundlegenden medizinischen Vorräten mangelt. In einigen Gegenden sterben

> Kinder allein daran, dass es nicht genügend Milch gibt. [...] Es ist der Glaube an unser Land und unser Volk, der es uns ermöglicht, trotz dieser Krise weiterzumachen.

Und weiter sagt er:

> Ärzte ohne Grenzen liefert überhaupt nichts an die staatlichen Krankenhäuser. Ich kenne Kollegen in Europa, die versucht haben, Spenden für unser Krankenhaus zu sammeln. Das wird ihnen untersagt, aber Ärzte, die die sogenannten Rebellen unterstützen, unterliegen keinen derartigen Einschränkungen.

Das ist ein weiterer Baustein in der Liste der Beweise, die zeigen, dass die westlichen Nichtregierungsorganisationen keineswegs neutral sind und dass sie die Bedürfnisse der Terroristen bedienen, nicht aber die der restlichen Bevölkerung. Die Enthüllungsjournalistin **Vanessa Beeley** schreibt:[32]

> Aufgrund der Sanktionen von USA und EU ist es nahezu unmöglich geworden, Geräte zu ersetzen. Forschungseinrichtungen haben die Arbeit völlig eingestellt. Französische Banken, die vor 2011 mit dem Krankenhaus (die Rede ist von der Uniklinik in Latakia) zusammengearbeitet haben, müssen mit Sanktionen seitens der USA rechnen, falls medizinisches Gerät über Frankreich nach Syrien gelangt.

Wahllose Bombenangriffe auf die Zivilbevölkerung sollen die Menschen unterwerfen, gleichzeitig dienen sie dazu, im Inland und im Ausland Flüchtlingsströme zu erschaffen – eine weitere Spezialität des Westens. Als der Osten von Aleppo besetzt war, beschossen die Terroristen jeden Tag die Wohngebiete mit Mörsern und ausgewählten Sprengkörpern.

All das geschieht hinter einer Nebelwand der Lügen – eine weitere Strategie der Kolonisatoren. Wenn Palmyra, die »Braut der Wüste«, geplündert und zerstört wird, dann ist das ein Versuch, die Geschichte Syriens auszuradieren, möglicherweise in der Absicht, sie durch eine Form von westlichem, wahhabitischem Revisionismus zu ersetzen.

Auch die Strategie des »Teile und Herrsche« ist bei den Kolonisatoren gang und gäbe. Aktuell unterstützt der Westen die kurdisch-nationalistische Partei PYD und ihren militärischen Flügel, die YPG, bei deren Bemühungen, syrisches Land zu annektieren und Syrien einen Föderalismus aufzuzwingen.[33] Verlaufen diese Anstrengungen erfolgreich, würde das zur Schwächung Syriens beitragen und Konflikte zwischen konkurrierenden Fraktionen anstoßen – auch das ein nützliches Mittel der Kolonisatoren.

Die UNO ist nicht imstande, mit diesen unrechtmäßigen und einem Völkermord gleichkommenden Kolonialisierungsstrategien umzugehen. Besonders deutlich zeigt das ein Facebook-Eintrag vom 20. November 2016. Darin erörtert **Martin** den lächerlichen Vorschlag von Staffan de Mistura, dem UN-Sondergesandten für Syrien. Mistura hatte angeregt, den Terroristen die Kontrolle über Ost-Aleppo zu überlassen:[34]

Aleppo, Syrien. Update vom 20. November 2016: Die von Amerika unterstützten Terroristen in Ost-Aleppo haben den Westen Aleppos mit sehr schweren Raketen beschossen und eine Grundschule getroffen. 20 Kinder und Erwachsene sind tot. Über 120 schwer verletzt. Die Verwundeten und Toten sind im Rasi-Krankenhaus in West-Aleppo. Es war ein Massaker. Gleichzeitig in Damaskus der lachhafte Vorschlag des UN-Sondergesandten für Syrien, Staffan de Mistura, den Terroristen die Kontrolle über Ost-Aleppo zu überlassen. Er traf sich mit dem syrischen Außenminister Walid al-Mu'allim. Mistura, der seit 43 Jahren für die Vereinten Nationen arbeitet, legte der syrischen Regierung einen neuen Plan vor, wie man das Blutvergießen in Aleppo beenden könnte. Der Plan von UN und USA für Aleppo fordert die syrische Regierung auf, Ost-Aleppo den TERRORISTEN zu überlassen, die von den USA unterstützt werden, aber mit al-Kaida verbündet sind, und die dieselben Werte und Ziele haben wie der IS. Der UN-US-Plan sieht vor, in Ost-Aleppo ein »Fürstentum« zu etablieren, das von ganz Syrien unabhängig ist. Der UN-US-Plan sieht vor, die Menschen zu belohnen, die völlig grundlos einem 11-jährigen Jungen den Kopf abschlugen. Sie wollen die Terroristen belohnen, die erst gestern die unbewaffneten Zivilisten in Ost-Aleppo abgeschlachtet haben, die versucht hatten, sich aus dem Staub zu machen und zu fliehen. Man

> schoss ihnen in den Rücken, während sie davonliefen und versuchten, sich in die Sicherheit und die Freiheit von West-Aleppo zu retten. Sagen Sie mir: Was soll Syrien der UNO und den USA sagen? Wenn die Terroristen den Osten von New York City haben wollen, werden Sie dann zustimmen?

Martins Bericht wird gestützt durch die Aussage, die **Nabil Antaki** am 28. November 2016 machte. Dr. Antaki ist Gastroenterologe in West-Aleppo:[35]

> Mithilfe der SAA konnten mindestens 4000 unserer Mitbürger fliehen, die die Terroristen in Ost-Aleppo als Geiseln genommen hatten. Sie haben zunächst Unterschlupf in Dschibrine gefunden. Weitere konnten über Scheich Maksud (einen Stadtteil im Norden Aleppos, von wo aus man in den Westen der Stadt gelangt) entkommen. Das sind beides gute Nachrichten.
>
> Es gibt jedoch auch zwei schlechte Nachrichten und einen Punkt, der Anlass zur Sorge bereitet: Erstens wurden einige der fliehenden Einwohner von Ost-Aleppo von den Terroristen getötet, und zweitens starben heute auch zwölf Zivilisten in West-Aleppo. Sie wurden Opfer des Mörserhagels, den die Terroristen von Ost-Aleppo noch immer durchführen. Man könnte sagen, es sei Vergeltung für das Vorrücken der SAA, aber wir sind während der vergangenen 4 Jahre Tag für Tag Opfer dieser Angriffe geworden.
>
> Was fürchten wir? Vielleicht, dass die Regierungen im Westen und bestimmte Organisationen anfangen, sich aus »humanitären Gründen« für eine weitere Feuerpause starkzumachen (wie sie es in der Vergangenheit bereits getan haben). Oder dass sie eine neue Medienkampagne starten mit dem Ziel, die Bemühungen der SAA, die Menschen im Osten und Westen Aleppos aus den Klauen der Terrorgruppen zu befreien, zum Stillstand zu bringen.
>
> Heute haben mich bereits zwei Medienunternehmen zur »humanitären Katastrophe« im Osten Aleppos befragt. Wir warten gespannt, welche unvermeidlichen Falschinformationen sie dieses Mal veröffentlichen werden.

In der Universität Aleppo wird die Befreiung der Stadt gefeiert, 20. Dezember 2016

Wie degeneriert die Terroristen im Dienste der NATO sind, unterstreichen Berichte aus dem befreiten Aleppo.

Am 12. Dezember 2016 berichtete **Beeley:**[36]

Unmöglich, in Aleppo Videos oder Fotos hochzuladen.

Den Großteil des gestrigen Tages haben wir in Hanano damit verbracht, mit Zivilisten zu sprechen, die erst vor Kurzem befreit worden waren. Eine Dame, die ich interviewt und gefilmt habe, erzählte mir, ihre 8-jährige Tochter sei 3 Tage vor der Befreiung durch die SAA in einem Gefängnis der al-Nusra-Front gestorben. Ihre älteste Tochter war von den Terroristen für Vergewaltigungen ausgewählt worden, deshalb erlebte sie die Befreiung. Ihren Ehemann hatten die Terroristen erschossen. Sie berichtete mir von einer Frau, die die Terroristen um Lebensmittel angebettelt hatte. Man schoss ihr in den Mund. Sie sagte, die Terroristen hätten jeden ermordet, der versuchte, Hanano über die humanitären Korridore zu verlassen, und sie hätten anschließend der syrischen Regierung die Schuld gegeben. Sie beschrieb alle möglichen Formen von Folter und Gräueltaten, die diese »gemäßigten Kräfte« der NATO angerichtet haben.

Selbst wenn die syrischen Zivilisten den Medien dafür danken, nach Hanano zu kommen und sie ihre Geschichten erzählen zu lassen, verdrehen die Medienkonzerne diese Berichte. Es brach einem das Herz. 4 Jahre lang waren diese Syrer Gefangene der Terroristen, die von diesen Medienverbrechern unterstützt wurden, und sie waren völlig ahnungslos, was den Anteil anbelangt, den die Medien an ihrem Leid und ihrem Schmerz haben.

Ich hoffe, dass Channel 4, BBC, CNN und viele andere wegen Beihilfe zum Mord angeklagt werden.

Gott segne die syrische Armee und ihre Verbündeten für die Befreiung.

All diese Kolonialisierungsstrategien führen einen Holocaust fort, während sich der Westen über das Völkerrecht hinwegsetzt und eine Regierung nach der anderen stürzt. Ziel ist es, auch den Iran, Russland und China zu unterwerfen. In seinem Artikel »Unworthy Victims: Western wars have killed four million Muslims since 1990« schreibt der Journalist **Nafeez Ahmed:**[37]

Die Gesamtzahl der Toten, die aus den westlichen Interventionen im Irak und in Afghanistan seit den 1990er-Jahren resultiert (aus direkten Tötungen und den längerfristigen Entbehrungen als Folge des Krieges), dürfte um die 4 Millionen betragen (2 Millionen im Irak zwischen 1991 und 2003 und 2 Millionen durch den »Krieg gegen den Terror«). Wenn man die höheren Schätzungen für vermeidbare Todesfälle in Afghanistan berücksichtigt, könnte die Zahl bei 6–8 Millionen liegen. Möglicherweise sind diese Zahlen zu hoch, aber wir werden es niemals mit letzter Gewissheit sagen können. Die amerikanischen und britischen Streitkräfte weigern sich grundsätzlich, die Zahl der Zivilisten zu erfassen, die im Rahmen von Militäroperationen ums Leben kommen – sie gelten als »nicht relevante Unannehmlichkeit«.

Eine weitere Form der Unterdrückung und Kontrolle besteht darin, die »progressive Linke« zu vereinnahmen. Selbst ernannte »Progressive« oder »Linke« finden sich in einer Position wieder, in der sie unbewusst den Terrorismus unterstützen. Zu den 9/11-Kriegen liegen gut dokumentierte Fakten vor, allesamt durch belastbare Beweise gestützt, aber in das kollektive Bewusstsein der westlichen Medienkonsumenten ist das bislang kaum vorgedrungen. Seit 5 Jahren liegen belastbare Beweise vor, die der westlichen Darstellung zuwiderlaufen, dennoch glauben die Menschen weiterhin an die Lügen von offizieller Seite.

Genährt wird dieser Ignoranzkonsens durch etwas, das Chossudovsky als »amerikanische Inquisition« bezeichnet. Der künstlich heraufbeschworene Feind in diesem psychologischen Feldzug ist der Islam, und der »globale Krieg gegen den Terrorismus« ist zur Marke geworden, die imperial motivierte Aggressionskriege als humanitäre Aktion tarnt. Auf diese Weise werden gewaltige Mengen an Steuergeldern abgezogen von lohnenswerten, inländischen Projekten, etwa der Verbesserung des Gesundheitswesens, von Schulen und Straßen. Stattdessen dient das Geld dazu, das verbrecherische Projekt für ein neues amerikanisches Jahrhundert zu unterstützen, bei dem Tod, Armut und Vernichtung globalisiert werden, während das Imperium unter Führung der USA versucht, der Welt einseitig seine Kontrolle aufzuzwingen. Die USA haben eine »Sonderstellung«, heißt es, und seien deshalb der rechtmäßige Herrscher über die Welt. Manifest Destiny, die »offensichtliche Bestimmung«, in Reinkultur.

Abweichungen werden durch die Medienkonzern-Monopole unterdrückt. Die vorherrschenden Narrative werden mitgetragen von korrupten Nichtregierungsorganisationen, denen jegliche Objektivität abgeht, und von den Tarnfirmen der Nachrichtendienste. Echter Enthüllungsjournalismus, der eine historische Einordnung und begründete Beweise liefert, wird an den Rand gedrängt, möglichst weit entfernt vom umfassenden »Konsens des Missverstehens«. Und jetzt ist es noch schwieriger geworden für alle Menschen, die Meinungsfreiheit und Gedankenfreiheit anstreben, denn am 23. Dezember 2016 unterschrieb der damalige US-Präsident Barack Obama den Countering Disinformation and Propaganda Act (Bill HR5181), ein Gesetz, das Teil des jährlichen National Defense Authorization Act ist. [Das NDAA ist das Haushaltsgesetz für die amerikanischen Streitkräfte.]

Was das bedeutet, erklärt **Stephen Lendman** in »›Big Brother‹ Watches Everyone in America: Obama Signs ›Ministry of Truth‹ into Law«: »Wenn jemand zu wichtigen innenpolitischen und geopolitischen Themen die Wahrheit sagt, wird das jetzt als Fake News oder als russische Propaganda erachtet.«

Der unabhängige Enthüllungsjournalist **Rick Sterling** kritisiert das Gesetz ebenfalls. In seinem Artikel »The Information War on Syria and Beyond« vom 31. Dezember 2016 schreibt er:

> Dass HR 5181 »Countering Foreign Propaganda and Disinformation« verabschiedet wurde, spricht dafür, dass die herrschenden Mächte die Unterdrückung von Nachrichten und Analysen, die im Widerspruch zu der von ihnen verbreiteten Interpretation stehen, vorantreiben möchten. Zwar dominieren sie derzeit die Medien und die Informationsarena, aber das reicht nicht aus. Kritische Stimmen sollen weiter zum Schweigen gebracht werden. In dem Gesetz heißt es, dass man allem, was aus ihrer Sicht Propaganda und Fehlinformation ist, »entgegentreten« und es »entkräften« solle. Es wurde ein mit 20 Millionen Dollar ausgestatteter »Schmiergeldfonds« angelegt. Mit dem Geld sollen »Gruppen der Zivilgesellschaft, NGOs, Journalisten und privatwirtschaftliche Unternehmen« dafür gewonnen werden, sich an der Kampagne zu beteiligen, oder für entsprechenden Einsatz belohnt werden.

Auch die »progressive Linke« wurde vor den Karren gespannt. Sogenannte Progressive unterstützen (vermutlich unwissentlich) Kanadas enge Beziehungen zum wahhabitischen Saudi-Arabien, den Apartheidstaat Israel und sogar die ausländischen Söldner, die derzeit in Syrien einfallen (also den IS und al-Nusra-Front/al-Kaida).

Die Quellen, auf denen der Vorwand für einen Krieg beruhte, sind als Thema tabu. Die Wahrheit wird als Ketzerei gesehen, auf Fakten basierende Narrative werden als Verschwörungstheorien verspottet. Die Polizeistaat-Gesetzgebung verstärkt und schützt die Täuschung. In Kanada untergräbt das Antiterrorgesetz C-51 die Freiheit der Bürger, darunter die Meinungsfreiheit, und stärkt gleichzeitig den Täuschungsapparat, denn es schützt eine Regierungspolitik, die kriminelle Handlungen begeht. Der Verfassungsanwalt **Rocco Galati** erklärte während einer Wahlkampfveranstaltung im Sommer 2015, C-51 verwandele Kanada in einen »faschistischen Staat inklusive moderner Form der Gestapo«.

Galati:[38]

Es nimmt alle unsere privaten Informationen und teilt sie mit Regierungsbehörden, auch solchen ausländischer Nationen. Für einige Bürger bedeutet dies die Eventualität von Folter und/oder Tod, wenn sie ins Ausland reisen.

Es beschränkt willkürlich, wer reisen darf.

Freiheit der Meinungsäußerung und politische Kritik mit Bezug auf »Terrorismus und die Rolle der Regierung« (werden) für sich genommen bereits zu terroristischen Straftaten. Worte und Gedanken werden durch dieses Gesetz also zu terroristischen Handlungen.

Es erlaubt CSIS (der kanadische Nachrichtendienst Canadian Security Intelligence Service), in verdeckten Handlungen die durch die Verfassung geschützten Rechte auf freie Meinungsäußerung, auf Vereinigung und auf Demonstrationen zu stören.

All das erreicht es, indem es jedwede Form von transparenter gerichtlicher Beaufsichtigung entfernt.

Weiter sagt Galati: »Wir sind in den endgültigen faschistischen Staat eingetreten.«

Insofern bleibt das solide Lügengerüst, das als unantastbare Rechtfertigung für globalen Krieg dient, weiter fest und unerschütterlich.

Aber es geht hier um sehr viel, denn die westliche Hegemonie drängt uns immer näher und näher an die Möglichkeit eines umfassenden Atomkriegs. Die Entwicklung von »Rucksack-Atombomben« und die verschwimmenden Grenzen zwischen konventionellem und nuklearem Krieg lassen den Einsatz von Atomwaffen als etwas Normales erscheinen.

Die Tabus müssen fallen, den ständig wiederholten Lügen muss widersprochen werden. Von den Lügen, die im Zusammenhang mit dem eskalierenden Krieg gegen die demokratische Arabische Republik Syrien fallen, halten sich einige ganz besonders hartnäckig. Dazu zählen auch die nicht belegten Memes, die ganz hervorragend in den Werkzeugkasten passen, mit dessen Hilfe Propagandisten die Wahrheit verzerren oder Verbrechen des Westens den Opfern (Syrien und den Syrern) in die Schuhe schieben.

Beim Krieg gegen Syrien handelt es sich nicht um einen Bürgerkrieg, der Aufstand war nicht demokratisch. Assad hungert sein eigenes Volk nicht aus. Assad bombardiert nicht sein eigenes Volk. Assad ist der demokratisch gewählte Präsident Syriens und kein »brutaler Diktator«.

Schlüssige Beweise belegen – und zwar schon seit Jahren –, dass der Krieg eine Invasion ist, durchgeführt von Handlangern des Westens wie dem IS und al-Kaida/al-Nusra-Front. »Gemäßigte« gibt es keine.

Die ursprünglichen Aufstände wurden überschattet von Gewalt gegen Unschuldige, gegen Soldaten und Polizisten. Unterstützt wurden diese Gewaltakte aus dem Ausland. Mörderische Elemente, die – ähnlich wie im Fall der Ukraine - mit Unterstützung des Auslands agierten, kaperten die friedlichen Bürgerproteste. All das passt zum »Hybridkrieg«, den **Andrew Korybko** in *Hybrid Wars: The Indirect Adaptive Approach to Regime Change* skizziert.

Verantwortlich für das Aushungern sind die gesetzwidrigen Sanktionen, die der Westen verhängt hat, sowie die terroristischen Praktiken, humanitäre Hilfsgüter zu stehlen und zu horten. Das ist durch die bereits genannten Aussagen ausreichend dokumentiert.

Assad ist ein demokratisch gewählter Reformer und bei den Syrern ausgesprochen beliebt. Er ist kein brutaler Diktator. Behauptungen, er bringe sein eigenes Volk um, wurden noch weiter entkräftet, als sich herausstellte, dass die sogenannten »Caesar«-Fotos Fälschungen waren. In »The Dirty War on Syria: Barrel Bombs, Partisan Sources, and War Propaganda« erklärt **Tim Anderson:**[39]

> Wenn das Herrscherhaus von Katar (das Milliarden Dollar in die bewaffneten Angriffe auf Syrien investiert hat) einen anonymen, bezahlten Augenzeugen namens »Caesar« präsentiert, Fotos von zahlreichen Toten und gefolterten Körpern vorlegt und der syrischen Armee die Schuld an »Tötungen in industriellem Maßstab« (O'Toole 2014, Jalabi 2015) gibt, dann sollte es offensichtlich sein, dass diese »Beweise« einseitig und unzuverlässig sind (Smith-Spark 2014, MMM 2014). Dass diese Geschichte kurz vor einer Friedenskonferenz in Genf von einer kriegsführenden Partei präsentiert wird, sollte darüber hinaus

Anlass für Argwohn geben. Doch solange keine wirklich unabhängigen Beweise die Zeugenaussage bekräftigen, gibt es keinen Weg zu bestätigen, in welchem Jahr, unter welchen Umständen oder sogar auch nur in welchem Land diese Aufnahmen gemacht wurden. Diejenigen, die die sektiererischen Gruppen finanzieren und bewaffnen, haben in den vergangenen Jahren Hunderttausende in den Kriegen in Afghanistan, Irak und Syrien abgeschlachtet. An Fotos von Toten herrscht kein Mangel. Dass westliche Medien über diese Vorwürfe berichten und diese mithilfe von (ebenfalls von Katar bezahlten) Anwälten unterstützen (Cartalucci 2014, Murphy 2014), zeigt nur ihr begrenztes Verständnis davon, was unabhängige Beweise sind.

Wie weit die Täuschungen reichen, denen die »Linken« und die »Progressiven« erlegen sind, zeigt der Artikel »Solidarity with the People of Syria! Build the Antiwar Movement!« des Socialist Project. Darin schreibt der Journalist **Richard Fidler:**[40]

Die rebellischen Städte in jenem Land, die sich vor 4 Jahren gegen die brutale Diktatur von Baschar al-Assad erhoben, stehen nun unter einer völkermordähnlichen Belagerung. Sie werden von Assads Militär bombardiert und aus der Luft angegriffen, unterstützt von russischen Kampfflugzeugen und Bombern. Sollte ihr verzweifelter Überlebenskampf scheitern, würde dies das Ende des Arabischen Frühlings bedeuten und damit einhergehend für einen längeren Zeitraum das Ende der Möglichkeit, im Nahen Osten eine demokratische, antiimperialistische Regierungsalternative aufzubauen. Sozialisten in aller Welt haben jedes Interesse daran, das syrische Volk zu unterstützen und sich gegen diesen Krieg zu sperren.

Eine derartige Umkehr gut dokumentierter Wahrheiten wird von den sogenannten Progressiven und Linken gemeinhin akzeptiert.

Die Wahrheit zerreißt den Schleier aus Lügen und Täuschungen und ist eine notwendige Grundlage für einen Frieden.

In »The Sound of Your Silence« schreibt die Autorin **Catherine Shakdam:**[41]

> (Shafaqna) – Seit heute ist Schweigen mehr als nur ein Kriegsverbrechen. Seit heute ist Schweigen mehr als nur die Manifestation unseres Egozentrismus und unserer Selbstsucht. Heute hat Schweigen Unterdrücker und Tyrannen ermöglicht, ermächtigt und geschützt.

In *From Mecca to the plain of Karbala: Walking with the Holy household of the Prophet* zitiert **Imam Husain** Farwa ibn Mussaik al-Muradi [eine Figur in der Sira, der »Prophetenbiografie« über das Leben Mohammeds]:[42]

> Waren wir heute siegreich, so ist es nichts Neues, denn wir haben stets den Sieg errungen. Und selbst wenn wir besiegt werden, so sind doch Vorherrschaft und der Sieg unser. Die Wahrheit wird unter allen Umständen siegreich sein, egal ob sie gewinnt oder verliert.

Diese Zeilen unterstreichen, wie wichtig es ist, die Wahrheit zu sagen, wollen wir gegen die Lügen und die Verbrechen des Imperiums den Sieg davontragen. Auf den Punkt gebracht: Wenn man den Islam richtig auslegt, ist nicht er der Feind. Wir sind es.

Shakdam erklärt in »The Walk of Light – Arbaeen Pilgrimage Rises a Great Resistance against Radicalism«:[43]

> Man muss es so sagen: Für den Wahhabismus, dieses Dogma, welches das Haus Saud bei seinem Aufstieg zur Macht vehement beworben hat, stellt [das islamische Gedenkfest] Al-Arba'in einen eindeutigen Affront dar. Und man muss auch noch einmal betonen: Al-Arba'in befasst sich mit dem ewigen Kampf zwischen Gut und Böse, zwischen Freiheit und Sklaverei, zwischen Frömmigkeit und Dogmatismus.

Der Westen unterstützt den extremistischen Wahhabismus Saudi-Arabiens, aber die Lehren des Islams stehen im Widerspruch zu dieser Ideologie – und sie stehen ganz unzweifelhaft im Widerspruch zu den Verbrechen, die die Söldner-Terroristen begehen, die Syrien infizieren.

Seit Jahren ist bekannt und dokumentiert, dass der Westen und seine Verbündeten diese unislamischen Terroristen dabei unterstützen, andere Länder und deren Bevölkerungen zu vernichten und zu beherrschen. Es ist bekannt und dokumentiert, dass die Terroristen, die sich ihren Weg durch den Nahen Osten und anderswo köpfen, vergewaltigen und plündern, unsere Handlanger sind. Die Rechnung bezahlen wir, und wir inszenieren das Gemetzel.

Im Vorwort zu diesem Buch schreibt Professor **Chossudovsky:**

> In Syrien weiß jeder, dass Washington hinter den Terroristen steckt, dass sie (auf Kosten der Steuerzahler) von den USA und deren Verbündeten finanziert werden und dass sie von Amerikas Partnern im Nahen Osten ausgebildet und rekrutiert werden. Saudi-Arabien und Katar haben den IS/Daesh und die Terroristen der al-Nusra-Front im Auftrag der Vereinigten Staaten finanziert und ausgebildet. Israel gewährt den Terroristen in den besetzten Golanhöhen Unterschlupf, und in Verbindung mit dem türkischen Oberkommando ist die NATO seit März 2011 daran beteiligt, die Rekrutierung von Dschihadisten und ihre Entsendung nach Syrien zu koordinieren.
>
> Mehr noch: Die IS/Daesh-Brigaden sowohl in Syrien als auch im Irak sind in westliche Spezialeinheiten eingebunden und werden von Militärberatern unterstützt.
>
> All das ist der Bevölkerung in Syrien bekannt, aber im Westen lässt man die Öffentlichkeit in dem Glauben, dass die USA in Syrien und Irak einen »Feldzug gegen den Terrorismus« führen, und dass sie gegen den Islamischen Staat (IS/Daesh) kämpfen – eine Organisation, die von amerikanischen Nachrichtendiensten gegründet wurde und von amerikanischen Nachrichtendiensten unterstützt wird.

Während die NATO und ihre Verbündeten Kriegsverbrechen gegen die nicht kriegerischen Staaten Syrien und Jemen begehen und während Washington Krieg und noch mehr Krieg verspricht, müssen wir das Schweigen durchbrechen. Unsere politischen Vertreter vertreten uns nicht mehr.

Vermutlich wurden auch sie massiver Propaganda unterzogen und glauben die Lügen, die unsere verbrecherischen Mainstreammedien fabrizieren. Aber Ignoranz geht nicht länger als legitime Entschuldigung durch.

Im Fall Syrien müssen wir fordern, dass unsere [in die falsche Richtung leitende] Führung Sofortmaßnahmen ergreift, um Frieden herbeizuführen. Welche Schritte das sind, hat der amerikanische Friedensrat (United States Peace Council) skizziert:[44]

> Wir rufen alle Aktivisten in der Friedensbewegung auf, die E-Mail-Konten und die Telefonleitungen des Weißen Hauses und des US-Außenministeriums zu fluten und Folgendes zu fordern:
>
> 1. Stellen Sie alle ausländischen Bemühungen von außen ein, einen Regierungswechsel in Syrien zu erzwingen.
>   a) Hören Sie auf, im Namen des Kampfes gegen den IS die Wirtschaftsinfrastruktur Syriens zu bombardieren.
>   b) Hören Sie auf, ausländische Kämpfer nach Syrien einzuschleusen.
>   c) Hören Sie auf, kriegsführende Parteien in Syrien zu finanzieren, zu organisieren und zu bewaffnen.
> 2. Lassen Sie zu, dass die Syrer persönlich und frei von aller ausländischen Einmischung über die Zukunft ihres Landes entscheiden.
>   a) Lassen Sie zu, dass wirklich moderate interne Oppositionsgruppen und die Kurden-Organisationen an den Verhandlungen teilnehmen.
>   Schließen Sie keinen Teil der syrischen Bevölkerung von den Friedensverhandlungen aus.
>   Schließen Sie alle ausländischen Oppositionskräfte von den Verhandlungen aus, ebenso alle Terrororganisationen.
> 3. Heben Sie sämtliche Sanktionen gegen Syrien auf. Stellen Sie der syrischen Bevölkerung humanitäre Hilfe zur Verfügung. Helfen Sie den syrischen Flüchtlingen, sich dort niederzulassen, wo sie es wollen – auch wieder in Syrien.
> 4. Stellen Sie sämtliche Aggressionskriege ein, sämtliche Formen der Besatzung im Ausland und sämtliche politische Maßnahmen, die dazu gedacht sind, in der Region von außen einen Regierungswechsel herbeizuführen.

Keines der Länder, die wir bedrohen oder attackieren, ist eine echte Bedrohung, das gilt ebenfalls für Russland. Das sagt auch General

Petr Pavel, Vorsitzender des NATO-Militärausschusses: »Es ist nicht das Ziel der NATO, eine militärische Barriere gegen breit angelegte russische Aggression zu errichten, denn eine derartige Aggression steht nicht auf der Tagesordnung, und keine nachrichtendienstliche Einschätzung lässt einen derartigen Schluss zu.«

Das militärische Hochrüsten der NATO ist unnötig und gefährlich, genauso wie der verbrecherische Krieg gegen Syrien. In »Fake Threats and Engineered Fears« schrieb ich:[45]

> Die »russische Gefahr« ist eine Fälschung. Es gab nie eine »syrische Gefahr« (außer der, dass Syrien auf seiner Souveränität und seiner territorialen Integrität beharrt). Und die »Terrorgefahr« ist ein Schwindel, denn wir unterstützen die Terroristen.
>
> Auch die Strategie der »humanitären Bombardierungen« ist ein Schwindel, denn wenn die USA Syrien unrechtmäßig bombardieren, verzeichnet der IS Landgewinne.
>
> Im Grunde genommen ist alles, was wir hören, eine Fälschung. Die Regierung und die von Soros und Konsorten finanzierten »Nichtregierungsorganisationen« (NGOs) sind Fälschungen, und zwar nicht nur, weil sie nicht »Nichtregierung« sind, sondern weil sie eingebettet sind in die terroristischen Invasoren.

Aber das Streben nach Wahrheit und einem gerechten Frieden ist nun einmal kein leichter Kampf. Laut dem Pentagon-Handbuch *Law of War* (»Gesetz des Krieges«) beispielsweise ist es eine (legitime) »Soft-Power-Waffe«, Informationen zu kontrollieren und zu manipulieren. Und angeblich stehen dem US-Verteidigungsministerium allein für Öffentlichkeitsarbeit und Propaganda jährlich rund 600 000 000 Dollar zur Verfügung.

In *The Coming War on China* berichtet **John Pilger,** dass das Pentagon Milliarden für Fake News ausgibt:[46]

> Unter der Rubrik »Informationsdominanz« – dem Jargon für Medienmanipulationen oder Falschmeldungen, wofür das Pentagon über 4 Milliarden Dollar ausgibt – rief die Regierung Obama 2014 eine Propagandakampagne ins Leben mit der Absicht, China, die welt-

größte Handelsnation, als Bedrohung für die »Schifffahrtsfreiheit« anzuprangern.

Als verantwortungsbewusste Bürger müssen wir die Kriegslüge ablehnen und auf der Wahrheit und gerechten Frieden bestehen. Selbst wenn die Wahrheit »verliert« und die Kriegstreiber gewählt werden, wird die Wahrheit dennoch »gewinnen«, denn sie hat sich gegen alle Wahrscheinlichkeiten ihrem Gegner gestellt.

Kapitel 4

Verstöße des Westens gegen das Völkerrecht

Die nach Völkermord gierenden Medienhuren fahren auf einer Schiene, die uns nur allzu vertraut ist: Die Schuld an Verbrechen, die von den Aggressornationen begangen wurden, schieben sie dem Opfer in die Schuhe. So funktioniert ihre Kriegspropaganda. Ein Beispiel: Die NATO-Terroristen dringen in Syrien ein und besetzen Teile des Landes. Wer hat Schuld an den daraus resultierenden Katastrophen? Die syrische Regierung. Die Medienhuren sind sehr kreativ, wenn es darum geht, der Regierung Assad die Schuld zu geben, dabei ist es die Aufgabe der Regierung, Syrien, die Souveränität des Landes und die territoriale Integrität zu verteidigen. Wenn, wie es in Syrien der Fall ist, Terroristen Städte besetzen, dann sind es immer die Unschuldigen, die zu Opfern werden, und das gilt ganz genauso für die Säuberungsaktionen, bei denen die Regierung die Terroristennester aushebt. Aber die Medienhuren geben der syrischen Regierung die Schuld, nicht den NATO-Terroristen. Viele Syrer würden sich von Präsident Assad ein härteres Durchgreifen gegen die Terroristen wünschen. Am 17. November 2016 führte **Dr. Nabil Antaki,** Einwohner des von Regierungstruppen gesicherten West-Aleppo, auf Französisch ein Interview mit *Kairos Productions.* In dem Gespräch berichtet Antaki, dass er es leid sei, seit über 4 Jahren von den besetzten Gebieten aus bombardiert und terrorisiert zu werden. Seit viereinhalb Jahren würden Terroristen die Bürger von Aleppo mit Mörsern und mit Nagelbomben beschießen, so der Arzt. 3 Jahre lang sei das Wasser abgestellt gewesen, sodass die Bürger innerhalb der Stadt Brunnen bohren mussten. Auch bei der Stromversorgung habe es Unterbrechungen gegeben.

Auf betrügerische Weise wird Präsident Assad für einen Krieg verteufelt, der in Wahrheit von Aggressoren geführt wird, die darauf aus sind, Syrien zu zerstören. Anschließend will der Westen Syrien noch weiter zerstören, durch ein erschwindeltes »Schutzverantwortungs«-Mandat oder eine Flugverbotszone. Diese, so verspricht es der verbrecherische Westen, werde helfen, die Syrer vor den Terroristen zu schützen – vor genau jenen Terroristen, die im Dienst des Westens stehen. Das Ganze funktioniert im Grunde wie das Erpressungsmodell der Mafia: Falls Assad zurücktritt, sind wir »zu eurem Schutz« da und ersetzen ihn durch eine wahhabitische Marionettenregierung. Voilà, alle sind glücklich.

Die Realität sieht natürlich anders aus: Sollten die Terroristen des Westens den Krieg gewinnen, wird Syrien – ähnlich wie Libyen, Irak und Ukraine – komplett zerstört werden.

Seit Jahren sind die Verbrechen der Aggressoren gut dokumentiert, und genauso lang werden sie nahezu komplett von den Mainstreammedien ignoriert.

In dem bereits erwähnten Dokument 14-L-0552/DIA der Defense Intelligence Agency (DIA) wird angedeutet, dass die USA den IS für einen strategisch wichtigen Aktivposten halten und dass die USA dabei halfen, Waffen aus Libyen nach Syrien zu bringen. Dass die USA in Syrien Terroristen unterstützt haben, räumte Michael T. Flynn, der ehemalige Direktor der DIA, in einem Interview mit Mehdi Hasan ein:[47]

> Mehdi Hasan: 2012 sagte Ihre Behörde, ich zitiere: »Die Salafisten, die Muslimbrüder und al-Kaida im Irak sind die zentralen Kräfte hinter dem Aufstand in Syrien.« 2012 halfen die USA dabei, Waffenlieferungen an eben diese Gruppen zu koordinieren. Warum haben Sie das nicht unterbunden, wenn Sie beunruhigt sind über den, Zitat, »islamischen Extremismus«?

Michael Flynn: Ja, ich meine, ich hasse es sagen zu müssen, dass das nicht mein Job ist, aber ... meine Aufgabe war es, dafür zu sorgen, dass die Erkenntnisse, die wir vorgelegt haben, so richtig wie nur irgendwie möglich waren. Ich kann Ihnen sagen, dass das in die Zeit vor 2012 zurückreicht.

Die *New York Times* ist zwar noch so ein Propagandablatt, aber auch sie kann nicht anders, als die Wahrheit zu enthüllen, wenn auch indirekt. Die Rede ist von dem Artikel »CIA Arms for Syrian Rebels Supplied Black Market, Officials Say« aus dem Jahr 2016. Darin heißt es:[48] »Waffen, die von der Central Intelligence Agency und Saudi-Arabien nach Jordanien verschifft wurden, waren für syrische Rebellen gedacht.«

Schon eine einzelne Packliste, die an Terroristen geliefert wurde, zeigt, über welche Größenordnung wir hier sprechen, was das Bewaffnen von Terroristen angeht:[49]

Simplified packing list for December 2015 arms shipment

Type	Weight (kg)		
	Aqaba	Agalar	Total
7.62×39 mm	85,190	48,998	134,188
7.62×54 mm	58,752	8,652	67,404
12.7 mm	81,468.40	36,713	118,181
14.5 mm	196,233.76	173,447	369,681
82 mm	53,885.34		53,885
PG-7VM	0.00	68,600	68,600
PG-7VT	36,795	88,224.00	125,019
9M111M	13,540	8,153	21,693
AK-47 & DShK*	12,250		12,250
AK-47 & PKM*		6,540	6,540

PKM	6,340		6,340
DShK & RPG-7*		3,585	3,585
RPG-7	4,120		4,120
Faktoria launchers	2,421.60	298	2,720
Total	**550,996**	**443,210**	**994,206**

*the packing list merged some categories

PG-7VM und PG-7VT = Munition für Panzerbüchsen
9M111M = Panzerabwehrwaffe aus russischer Produktion
AK 47 = Kalaschnikow, russisches Sturm- und Maschinengewehr
DShK (DSchK) = überschweres russisches Maschinengewehr
PKM = russisches Maschinengewehr
RPG-7 = reaktive Panzerbüchse
Faktoria launchers = Panzerabwehrwaffen aus russischer Produktion

Als Ende Dezember 2016 Aleppo befreit wurde, entdeckte man Lagerhallen voller Waffen, die von der NATO geliefert worden waren.

In der Resolution 1373 des Sicherheitsrats der Vereinten Nationen heißt es in Abschnitt 2a ganz unstrittig,[50] »dass alle Staaten es unterlassen werden, Einrichtungen oder Personen, die an terroristischen Handlungen beteiligt sind, in irgendeiner Form aktiv oder passiv zu unterstützen, indem sie namentlich die Anwerbung von Mitgliedern terroristischer Gruppen unterbinden und die Belieferung von Terroristen mit Waffen beendigen.« [Offizielle deutsche Übersetzung]

All diese Beweise weisen dem Westen direkt die Schuld für die Katastrophe zu, die über Syrien hereingebrochen ist. Die Handlungen des Westens unterlaufen das Völkerrecht und zeigen, mit welchen Lügen die Medienhuren arbeiten. Sie beschuldigen üblicherweise die Regierung Assad anstelle der wahren Übeltäter.

Ein weiterer Artikel – »U.S. Relies Heavily on Saudi Money to Support Syrian Rebels«[51] – deutet sehr deutlich an, dass der Westen auch für die Finanzierung der Terroristen verantwortlich ist. Die Autoren schwärmen:

Waffen aus amerikanischer Herstellung. Sie wurden gefunden, nachdem die al-Nusra-Front abgezogen war.

Als Präsident Obama 2013 heimlich die CIA autorisierte, mit der Bewaffnung der in Not geratenen syrischen Rebellen zu beginnen, wusste die Spionagebehörde, dass sie einen Partner haben würde, der gerne bereit wäre, sich an den Kosten der verdeckten Operation zu beteiligen. Es war derselbe Partner, auf den sich die CIA seit Jahrzehnten verlässt, wenn es um Geld und Diskretion bei Konflikten in weit entfernten Regionen geht: das Königreich Saudi-Arabien.

Seit damals haben die CIA und ihr saudi-arabisches Gegenstück eine ungewöhnliche Vereinbarung laufen, was die Ausbildung der Rebellen angeht. Im Rahmen der Operation »Timber Sycamore«, wie der Codename der Amerikaner für die Aktion lautet, ist nach Aussage aktueller und ehemaliger Beamter Folgendes vereinbart: Die Saudis stellen sowohl Waffen als auch große Geldmengen bereit, die CIA übernimmt dafür die Führung, was die Ausbildung der Rebellen an AK-47-Sturmgewehren und panzerbrechenden Waffen anbelangt.

Auch die Finanzierung von Terroristen verstößt gegen die Resolutionen der Vereinten Nationen (und gegen Völkerrecht). In der Resolution 2199 bekräftigt der Sicherheitsrat:[52]

Dass die Staaten zu verhindern haben, dass an [die in der Resolution namentlich erwähnten terroristischen Organisationen] [...] Rüstungsgüter und sonstiges Wehrmaterial jeder Art, einschließlich Waffen und Munition, Militärfahrzeugen und -ausrüstung, paramilitärischer Ausrüstung und entsprechender Ersatzteile, und technische Beratung, Hilfe oder Ausbildung im Zusammenhang mit militärischen Aktivitäten auf direktem oder indirektem Weg geliefert, verkauft oder weitergegeben werden, sowie seine Aufforderung an die Staaten, Wege zur Intensivierung und Beschleunigung des Austauschs operativer Informationen über den Handel mit Waffen zu finden und die Koordinierung der Anstrengungen auf nationaler, subregionaler, regionaler und internationaler Ebene zu verbessern. [Offizielle deutsche Übersetzung]

Wenn man nun noch berücksichtigt, dass der damalige israelische Verteidigungsminister Mosche Jaalon Anfang 2016 einräumte, ihm wäre der IS lieber als die syrische Regierung (die er als Handlanger des Irans bezeichnet), wird deutlich, dass die Geschichte, die die Medienhuren verbreiten, wieder einmal in tausend Teile zersplittert.[53]

Assads politische und Medienberaterin **Dr. Bouthaina Shaaban** äußerte sich wie folgt über den Schaden, den die westlichen Medien mit ihren falschen Geschichten über Syrien angerichtet haben:[54]

> Damit möchte ich sagen, dass die Falschdarstellungen über Syrien, die verbreitet werden, ebenso gefährlich für das syrische Volk und die Sicherheit der Syrer sind wie die Taten der Terroristen, weil sie die Realität in Syrien vor dem Verständnis der Öffentlichkeit im Westen und der Welt insgesamt verschleiern und verhindern, dass die westlichen Länder und das syrische Volk sich über das Geschehen verständigen können. [Offizielle deutsche Übersetzung]

Welche Geschichte werden die Medien uns als Nächstes auftischen, wie werden sie als Nächstes die offensichtlichen Verbrechen des Westens und seiner Terroristen schönreden? Wie viele Tausende Unschuldige werden ihr Leben noch wegen der Lügen des Westens verlieren?

Kapitel 5

Lügen und Verbrechen: Medienmanipulation und Unterdrückung der Gesellschaft

Dass der »Westen« (die unter Führung der USA stehende NATO, die Golf-Monarchien und Israel) einen Stellvertreterkrieg gegen Syrien führt, ist ausreichend dokumentiert. Der angebliche Feind ist der IS/Daesh, aber schon seit Langem wird öffentlich eingeräumt, dass der wahre Feind nicht der Islamische Staat ist, sondern Syriens Präsident Assad. Alle Invasoren, alle unislamischen Söldner-Terroristen sind strategische Schachfiguren des Westens, das gilt auch für den IS. Die künstlich herbeigeführte Islamphobie gehört zur psychologischen Kriegsführung des Westens. Diese zielt darauf ab, alle Muslime zu verteufeln und Angst, Rassismus und Hass zu schüren – alles wichtige Zutaten für unrechtmäßige Aggressionskriege.

Das Imperium strebt an, die demokratische, pluralistische, progressive Regierung von Präsident Assad durch eine vom Wahhabismus geleitete und dem Westen hörige Marionettenregierung zu ersetzen.

Zu welchen völkermordähnlichen Taten der Westen imstande ist, konnten wir unter anderem im Irak, in Libyen und in der Ukraine beobachten. All das ist Teil des Strebens nach globaler Dominanz, nach globalem Krieg und globaler Armut. Aber Syrien und seine Verbündeten, zu denen Russland und der Iran zählen, haben im Fall Syrien eine rote Linie in den Sand gezogen. Das Imperium ist frustriert, denn mit seinen einseitigen Zielen scheitert es auf syrischem Boden.

Bei diesem Krieg handelt es sich nicht um einen »Zusammenstoß der Kulturen«, wie einige Kriegstreiber es bezeichnen. Tatsächlich prallt hier eine Kultur – die syrische – auf westliche Barbarei.

Doch die Botschaften der verbrecherischen Mainstreammedien haben dazu geführt, dass sich Mediennutzer im Westen in einem Zustand politischer Massenverblödung befinden. Es ist ein klassischer Fall von Rückprojektion: Als Reaktion auf die ihnen künstlich eingeimpften Meinungen sehen die Menschen Präsident Assad und die Syrer als »die Bösen«, während die ins Land einfallenden Terroristen angeblich »die Guten« sind.

Dieses falsche Narrativ wird wiederholt, dazu kommen ausgeklügelte Schachzüge, die Verwirrung stiften. Das Ergebnis? Die Lügen setzen sich im kollektiven Polit-Bewusstsein der westlichen Medienkonsumenten fest.

Wie konnte dem Establishment ein derartiger Coup gelingen?

Vermeintlich neutrale Informationsquellen sind nicht im Mindesten neutral. Die sogenannten Nichtregierungsorganisationen, über die wir vorhin bereits gesprochen hatten, die Regierungsquellen wie National Endowment for Democracy, CIA und Mossad, und auch die von Oligarchen finanzierten Stiftungen – sie alle sind bei den Terroristen eingebettet, und sie sind die Quellen, auf deren Grundlage die Medienkonzerne und Mainstreammedien ihre »Nachrichten« fabrizieren.

Die Weißhelme, das Syrian Observatory for Human Rights und Avaaz sind nur einige der vielen korrupten NGOs, die lügen, was den Krieg in Syrien betrifft. In »Interview with Prof. Tim Anderson: ›NATO's Dirty War on Syria‹« erklärt **Tim Anderson:**[55]

> Die Weißhelme sind eine Erfindung der Wall Street, finanziert und unter Führung der USA und Großbritanniens stehend. Sie sollen den al-Kaida-Gruppen, die sie unterstützen, eine »humanitäre« Tarnung verleihen. Diese falsche NGO beteiligt sich unmittelbar an den sektiererischen Terrorkampagnen und hilft bei der Verbreitung der Kriegspropaganda, die besagt, dass es sich bei den Terrorkämpfern um

> Zivilisten handelt. Es ist der Versuch, die Legitimität des Widerstands zu untergraben, den die syrische Armee und ihre Verbündeten leisten.

Ein weiterer Beleg für das Lügengerüst, das der Westen errichtet hat: Bei einem Presse-Briefing, das die syrische Mission am 9. Dezember 2016 bei den Vereinten Nationen abhielt, sagte die unabhängige Journalistin **Eva Bartlett** über die Weißhelme: »Niemand in Ost-Aleppo hat von ihnen gehört.«[56]

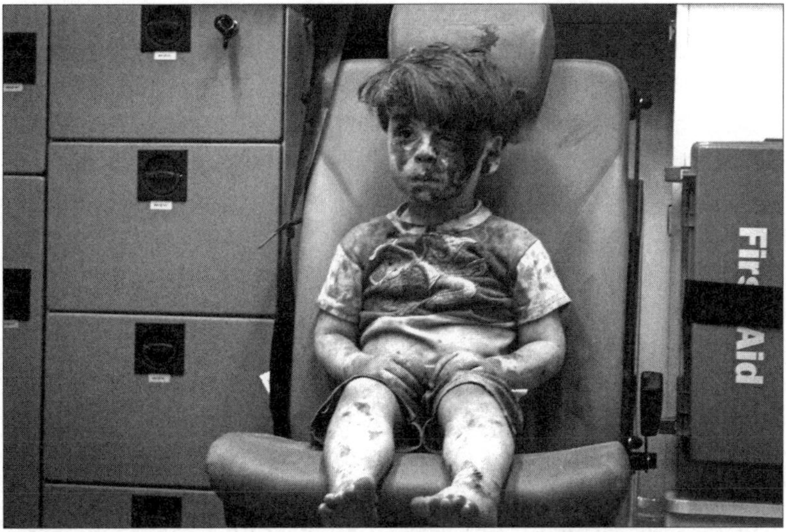

Die Weißhelme inszenieren als Teil des Täuschungsapparats der Terroristen eine Szene wie im Theater (Aleppo-Medienzentrum)

Auf Facebook schrieb **Donna Nassor,** Mitglied des amerikanischen Friedensrats, am 5. Dezember 2016:[57]

> Hätte die Koalition aus USA und NATO nicht in diesem Stellvertreterkrieg Terroristen nach Syrien entsandt, hätte Assad nicht so schwere Entscheidungen treffen müssen, wie er das Leben der Syrer retten kann, während er gleichzeitig das Land von den Söldnern befreit. Die syrische Armee hat hervorragende Arbeit geleistet, und was ich an Reaktionen

der syrischen Öffentlichkeit vor Ort miterlebt habe, spricht dafür, dass die Wertschätzung der SAA bei der Mehrheit der Menschen hoch ist.

Je eher die Terroristen verschwinden, desto früher können Assad und das syrische Volk ihr Land heilen, neu aufbauen und beschließen, wie es weitergehen soll. Zu Ihrer Info: Als wir uns mit ihm getroffen haben, erklärte uns Assad, er hoffe, die Flüchtlinge werden so rasch wie möglich zurückkehren. Sobald dieser Stellvertreterkrieg beendet ist, wird das wieder möglich sein.

Lassen Sie sich bitte nicht von der Propagandamaschine vereinnahmen, die weiterhin versucht, Ihre Gedanken zum Thema Syrien zu manipulieren. Nehmen Sie sich die Zeit, mithilfe zuverlässiger Quellen die Wahrheit zu suchen – Quellen, die tatsächlich während dieser schwierigen Zeit in Syrien waren. Man wird nicht zum Fachmann, indem man Berichte aus zweiter und dritter Hand verinnerlicht, die von sogenannten Experten erstellt werden, die sich auf Berichte von NGOs verlassen, deren Finanzmittel aus Quellen stammen, die wiederum ihre eigenen Ziele verfolgen. Dieses Vorgehen sorgt nur dafür, dass man weiter falsch informiert ist.

Nimmt man nun noch den Sender *Al-Dschasira* aus Katar in die Gleichung auf sowie die beliebte Methode westlicher Medien, »Experten« aufmarschieren zu lassen, die sich ihren Interessenkonflikten zum Trotz als »neutrale« Informationsquellen präsentieren, dann erkennt man, dass die Medien keineswegs als Kämpfer für Wahrheit und Gerechtigkeit fungieren, sondern als Agenten für einen imperialen Krieg.

Gleichzeitig werden die Stimmen von Wahrheit, Gerechtigkeit und Frieden unterdrückt. **Anderson** schrieb kürzlich:[58]

In meinem Land (Australien) haben wir 5 Jahre lang eine nahezu monolithische Lesart des Krieges gegen Syrien erlebt und damit einhergehend eine Kriegszensur abweichender Stimmen. Ich habe möglicherweise mehr als jeder andere australische Akademiker über den Konflikt in Syrien geschrieben, bin aber von den australischen privatwirtschaftlichen und staatlichen Medien im Grunde genommen auf eine Schwarze Liste gesetzt worden, weil das, was ich sage, nicht zur offiziellen Lesart passt.

Halbwahrheiten und Lügen durch Weglassen beziehungsweise Ignorieren zählen zu den schädlichsten Waffen im Arsenal der westlichen Täuschungsmanöver. Ein Beispiel: Kürzlich pilgerten Millionen Schiiten aus Dutzenden Ländern nach Kerbela, Zielort der muslimischen Wallfahrt al-Arba'in. In Kerbela wird das Martyrium von Imam Husain im Jahr 680 betrauert. Mit seiner Lehre von Wahrheit, Frömmigkeit und Toleranz hatte sich Husain den Zorn des Tyrannen Yazid I. zugezogen – so wie seine Lehren im Widerspruch zur Botschaft der IS-Söldner stehen. Die Wallfahrt ist ein transformatives und wichtiges Ereignis, das weltweit größte jährliche Treffen. Entsprechend sollte es in den Mainstreammedien eigentlich einen wichtigen Platz einnehmen, aber dem wäre nur so, wenn die Mainstreammedien unseren nationalen und internationalen Interessen dienten anstatt denen der Lobbygruppen, in diesem Fall den Interessen der Kriegsgewinnler.

Auch die Christengemeinden in Syrien leiden unter ähnlichen Halbwahrheiten. **Sarah Abdallah** schrieb am 8. Dezember 2016 in einem Facebook-Kommentar:[59] »Wunderbar: Christen feierten heute in der Altstadt von Homs ihre Messe in der griechisch-melkitischen Kathedrale ›Unsere Liebe Frau vom Frieden‹. Wenn al-Kaida noch in der Altstadt das Sagen hätte, würde es weder Messen noch Kirchen geben.«

Den Christen in den westlichen Ländern scheint nicht bewusst zu sein, dass die vom Westen unterstützten terroristischen Handlanger Völkermord an Christen begehen.

Es ist nicht nur so, dass Lügen die Belagerung von Syrien und der syrischen Bevölkerung ermöglichen, sie drängen uns gleichzeitig auch blind in Richtung eines möglicherweise verheerenden Atomkriegs gegen Russland und seine Verbündeten. Es steht viel auf dem Spiel, und es gibt ominöse Anzeichen dafür, dass die Kriegstreiber in Washington – vor allem der militärisch-industrielle Komplex – darauf aus sind, das Undenkbare heraufzubeschwören, nämlich einen verheerenden atomaren Schlagabtausch.

Zu diesen kriegslüsternen Kreisen zählt die Strategic Deterrent Coalition, eine gemeinnützige Organisation, die von Kriegsgewinnler-Konzernen wie Boeing, Northrop Grumman, Orbital ATK und BAE Systems finanziert wird. Ziel der Organisation ist es, Entscheider

»aufzuklären« und »einen Konsens herbeizuführen«, was einen Präventivschlag von Atomwaffen anbelangt.[60]

Die Sprache klingt zunächst einmal nahezu friedlich, aber die Prämissen, auf denen diese Angstmacherei basiert, sind schlicht absurd. In »›The Doomsday Forum‹: Senior Military, Nuclear Weapons Official Convene … America's ›$1 Trillion Nuclear Weapons Plan‹. Take out Russia, Iran and North Korea?« erklärt Professor **Michel Chossudovsky:**[61]

> Es ist ein Theater der Absurditäten: Die USA beabsichtigen, zum Zwecke der Selbstverteidigung gegen al-Kaida und den IS Atomwaffen einzusetzen, und zwar im Rahmen der Anti-Terror-Initiative der Regierung.
>
> Die Vereinigten Staaten sind Teil eines internationalen Feldzugs gegen gewalttätige extremistische Organisationen, die »danach streben, unsere demokratische Lebensweise zu zerstören«.
>
> Um Widersacher und potenzielle Widersacher wirksam in Schach zu halten, muss Amerika über eine »sichere, unbedenkliche, wirksame und einsatzbereite atomare Abschreckung« verfügen.
>
> Bevor wir es vergessen: Al-Kaida wurde von der CIA erschaffen, und der IS wird von zwei der treuesten amerikanischen Verbündeten unterstützt und finanziert – der Türkei und Saudi-Arabien.

Tatsächlich stellt der ganze »Krieg gegen den Terror« ein »Theater der Absurditäten« dar, denn die erklärten Feinde des »Westens« – also al-Kaida/al-Nusra-Front, IS und alle Terroristen, die in Syrien einfallen – werden von ebenjenem Westen, den Golf-Monarchien, der NATO und Israel unterstützt.

Anstatt einen Konsens für Krieg und atomare Erstschläge herbeizuführen, müssen wir einen Konsens für Wahrheit, Gerechtigkeit und Frieden erzielen.

Im ersten Schritt wäre es eine gute Entscheidung, die toxischen Botschaften der Mainstreammedien zu boykottieren, denn sie neigen zu Lügen, Ungerechtigkeit und Krieg.

Hinter dem »liberalen« Anstrich unterstützt unsere Regierung den Wahhabismus, Frauenfeindlichkeit, Medressen/wahhabitische Schulen, Todesschwadronen, Todeskults und das Abschlachten von Zivilisten.

Anstatt Wissen, Wachstum, Menschlichkeit und Zivilisiertheit zu fördern, nähren wir Barbarei und Ignoranz.

Das sind die Kräfte, die im Nahen Osten an Macht gewinnen, und das hat auch mit Kanadas Mittäterschaft im Rahmen seiner NATO-Mitgliedschaft zu tun, mit seiner Unterstützung des wahhabitischen Saudi-Arabiens und mit seiner Unterstützung für die Söldner-Terroristen, die in Syrien einfallen und das Land besetzen.

Nicht der Islam ist die Wurzel der Zerstörung im Nahen Osten – wir sind es.

All das wurde zweifelsfrei bewiesen, dennoch klammert sich Kanada wie hypnotisiert an die erfundenen Geschichten der Mainstreammedien. Die Konzerne dahinter fungieren als Propagandamaschinerie für die vom Westen unterstützten Terroristen, darunter auch den IS und alle Terroristen, die in Syrien einfallen. Die Täuschung findet umfassend und institutionalisiert statt. Die Mainstreammedien sind praktisch ein Ableger des kriegstreiberischen Establishments, aber früher oder später wird die Wahrheit ans Tageslicht kommen. Wir wissen, dass es sich bei den 935 Gründen, die zum gesetzeswidrigen Einmarsch im Irak führten, allesamt um eklatante Lügen handelte. Wir wissen, dass die Invasion in Libyen auf Lügen basierte, und wir wissen, dass die Geschichten über Syrien falsch sind.

Aber selbst bei den Mainstreammedien splittert gelegentlich etwas von ihrem Panzer ab, sodass es zu kleineren Schuldeingeständnissen kommt. Am 11. September 2016 wurde ein Artikel mit dem Titel »BBC quietly sneaks out correction admitting it blatantly lied in the run-up to war in Syria« veröffentlicht. Darin wird detailliert dargelegt, wie die BBC eine friedliche Anti-Kriegs-Demonstration fälschlich darstellte in der Absicht, die Friedensdemonstranten zu verleumden und Konsens für einen Krieg zu erzielen. Der BBC-Rundfunk bestätigte:[62]

> Zwei Hörer beschwerten sich, die Sendung habe nicht wahrheitsgemäß über eine friedliche Mahnwache in Walthamstow berichtet, bei der gegen die Entscheidung protestiert worden war, Ziele in Syrien zu bombardieren. Dem Bericht zufolge habe die Wache das Haus der örtlichen Parlamentsabgeordneten Stella Creasy zum Ziel gehabt und sei

> Teil einer Einschüchterungskampagne gegen Labour-Abgeordnete, die für die Entscheidung gestimmt hatten. Die Behauptung, die Demonstration habe Creasys Haus zum Ziel gehabt, und die Schlussfolgerung, es handele sich um eine Einschüchterung, hatten ihren Ursprung in einem einzigen Facebook-Eintrag, der sich später als irreführend herausstellte (Ziel der Demonstration war Creasys Wahlkreisbüro, das zum Zeitpunkt unbesetzt war, und die Demonstration war friedlich).

Natürlich ist das vergleichsweise belanglos im Vergleich zu den »Big Lies«, aber es liefert doch einen Blick in das kriminelle Handeln der Medien.

Wie die Mainstreammedien Ende November 2016 über die Lage in Aleppo berichteten, das war schon eine größere Lüge, eine, die eher in die Kategorie der »Big Lies« einzuordnen ist. Sieht man sich Videos an, die vor Ort gedreht wurden, oder liest sich Zeugenaussagen von Syrern aus Ost-Aleppo durch, wird ganz deutlich, dass die ehemaligen Gefangenen überglücklich waren, aus der Hand der terroristischen Besatzer befreit worden zu sein. Die Mainstreammedien dagegen wollten uns glauben machen, dass das genaue Gegenteil zutrifft und dass es die syrische Armee sei, vor der man Angst haben müsse.

Kriegslügen sind nichts, was man auf die leichte Schulter nehmen sollte. In »NATO War Propaganda: A Danger To World Peace« erläutert **Christopher Black,** dass im Internationalen Pakt über bürgerliche und politische Rechte festgelegt ist, was als Propaganda gilt, die zu einem aggressiven Krieg (beispielsweise zu illegalen Invasionen) anstachelt. Die Definition wurde 1966 von der Vollversammlung der Vereinten Nationen verabschiedet.

In Artikel 20 heißt es:[63]

> (1) Jede Kriegspropaganda wird durch Gesetz verboten.
> (2) Jedes Eintreten für nationalen, rassischen oder religiösen Hass, durch das zu Diskriminierung, Feindseligkeit oder Gewalt aufgestachelt wird, wird durch Gesetz verboten. [Aus der offiziellen deutschen Übersetzung]

»Viereinhalb Jahre lang haben Terroristen Bürger Aleppos Tag für Tag mit Mörsern angegriffen und mit Benzinkanistern, die mit Sprengstoff und Nägeln gefüllt waren«, sagt Dr. Nabil Antaki aus Aleppo

Und dennoch erliegen die meisten Kanadier leider auch weiterhin der Propaganda. Sie erweisen sich als immun gegenüber öffentlich zugänglichen, auf Beweisen basierenden Nachforschungen und akzeptieren passiv die beruhigenden Lügen und Illusionen.

Man lehrt uns, den Islam zu hassen und stillschweigend den saudiarabischen Wahhabismus zu dulden, dabei liegt die Wahrheit in den wahren Lehren des Islams (und aller Weltreligionen). Und diese wird am besten vertreten von der Kultur Syriens und dem syrischen Volk, unserem künstlich herbeigeredeten »Feind«.

Die Stimme der Wahrheit und der faktenbasierten Realität ist wie eine langsam und ausdauernd brennende Flamme, die sich nicht so leicht löschen lässt. Damit steht sie im Widerspruch zu ihrem Gegenstück, den Lügen und Täuschungen. Diese brennen eine Zeit lang intensiv, dann verzehren sie sich selbst.

In Wahrheit gibt es in Syrien keinerlei gemäßigte Rebellen, und in Wahrheit sind die USA gar nicht gegen die waffenschwingenden Terroristen, die Teile Syriens besetzen, die Zivilisten ermorden, die »Höllenkanonen« abfeuern, die Gift- oder Giftgasraketen abfeuern und die versuchen, den Menschen in den von ihnen besetzten Gebieten die Lehren des Wahhabismus aufzuzwingen. Professor Chossudovsky erklärt:[64]

> Die Antiterror-Luftangriffe im Rahmen der Operation »Inherent Resolve« haben gar keine Terroristen zum Ziel, ganz im Gegenteil: Sowohl IS/Daesh als auch al-Nusra-Front stehen unter dem Schutz der von den USA angeführten Koalition. Die verbotene Wahrheit ist die, dass die Antiterrorkampagne gegen das syrische Volk gerichtet ist.

Ein aktuelles Wikileaks-Dokument vergrößert den Berg an ohnehin bereits existierenden Beweisen, die zeigen, dass der Westen die Terroristen bewaffnet und unterstützt. In einem Interview mit *Democracy Now* sagte **Julian Assange:**[65]

> Die katastrophale, absolut katastrophale Intervention in Libyen, die Zerstörung der Regierung Gaddafi, die dazu führte, dass der IS weite Teile dieses Lands besetzte, der von Hillary Clinton vorangetriebene Waffenfluss nach Syrien, der für Dschihadisten in Syrien inklusive des IS gedacht war, all das steht in diesen E-Mails. Aus der Sammlung von Hillary Clinton, die wir gerade veröffentlicht haben, gibt es allein zu Libyen mehr als 1700 E-Mails.

Die Terroristen sind die Handlanger und strategischen Schachfiguren des Westens. Wir erschaffen sie, wir lenken sie, unterstützen ihre Infrastruktur und halten sie am Leben. Das beweisen offen zugängliche Beweise aus dem Westen. An anderer Stelle schrieb ich:[66]

> Die hässliche Wahrheit über die völkermordähnlichen Pläne des Westens für Syrien ist seit Jahren gut dokumentiert. Zu den Quellen gehören der ehemalige Leiter der Defense Intelligence Agency, Michael Flynn, die Generäle Dempsey und Clark, Vizepräsident Biden und öffentlich einsehbare Dokumente der Defense Intelligence Agency ganz genauso wie andere öffentlich einsehbare Dokumente.

Freigegeben wurde auch ein Nachrichtenbericht der Defense Intelligence Agency mit dem Titel 14-L-0552/DIA/287-293, datiert vom 12. August 2012 und öffentlich zugänglich gemacht am 18. Mai 2015. Der Bericht zeigt, dass der Aufstieg des IS aus Sicht der Vereinigten

Staaten als strategisch wertvoll erachtet wurde.[67] Auf Seite 289 des Dokuments heißt es:

THE GENERAL SITUATION:

A. INTERNALLY, EVENTS ARE TAKING A CLEAR SECTARIAN DIRECTION.

B. THE SALAFIST, THE MUSLIM BROTHERHOOD, AND AQI ARE THE MAJOR FORCES DRIVING THE INSURGENCY IN SYRIA.

C. THE WEST, GULF COUNTRIES, AND TURKEY SUPPORT THE OPPOSITION; WHILE RUSSIA, CHINA, AND IRAN SUPPORT THE REGIME.

(b)(1) Sec. 1.4 (c),(b)(1) Sec. 1.4 (d)

E. THE REGIME'S PRIORITY IS TO CONCENTRATE ITS PRESENCE IN AREAS ALONG THE COAST (TARTUS, AND LATAKIA); HOWEVER, IT HAS NOT ABANDONED HOMS BECAUSE IT CONTROLS THE MAJOR TRANSPORTATION ROUTES IN SYRIA. THE REGIME DECREASED ITS CONCENTRATION IN AREAS ADJACENT TO THE IRAQI BORDERS (AL HASAKA AND DER ZOR).

3. ~~(C)~~ AL QAEDA - IRAQ (AQI):

A. AQI IS FAMILIAR WITH SYRIA. AQI TRAINED IN SYRIA AND THEN INFILTRATED INTO IRAQ.

B. AQI SUPPORTED THE SYRIAN OPPOSITION FROM THE BEGINNING, BOTH IDEOLOGICALLY AND THROUGH THE MEDIA. AQI DECLARED ITS OPPOSITION OF ASSAD'S GOVERNMENT BECAUSE IT CONSIDERED IT A SECTARIAN REGIME TARGETING SUNNIS.

C. AQI CONDUCTED A NUMBER OF OPERATIONS IN SEVERAL SYRIAN CITIES UNDER THE NAME OF JAISH AL NUSRA (VICTORIOUS ARMY), ONE OF ITS AFFILIATES.

D. AQI, THROUGH THE SPOKESMAN OF THE ISLAMIC STATE OF IRAQ (ISI), ABU MUHAMMAD AL ADNANI, DECLARED THE SYRIAN REGIME AS THE SPEARHEAD OF WHAT HE IS NAMING JIBHA AL RUWAFDH (FOREFRONT OF THE SHIITES) BECAUSE OF ITS (THE SYRIAN REGIME) DECLARATION OF WAR ON THE SUNNIS. ADDITIONALLY, HE IS CALLING ON THE SUNNIS IN IRAQ, ESPECIALLY THE TRIBES IN THE BORDER REGIONS (BETWEEN IRAQ AND SYRIA), TO WAGE WAR AGAINST THE SYRIAN REGIME, REGARDING SYRIA AS AN INFIDEL REGIME FOR ITS SUPPORT TO THE INFIDEL PARTY HEZBOLLAH, AND OTHER REGIMES HE

14-L-0552/DIA/ 289

(b)(3):10 USC § 424

A. Intern entwickeln sich die Dinge in eine eindeutig sektiererische Richtung.
B. Die Salafisten, die Muslimbrüder und AQI (al-Kaida im Irak) sind die treibenden Kräfte hinter dem Aufstand in Syrien.
C. Der Westen, Golf-Staaten und Türkei unterstützen die Opposition, während Russland, China und Iran das Regime unterstützen.

Das vorige und das nächste Dokument[68] zeigen, dass die USA al-Kaida als Verbündete sehen.

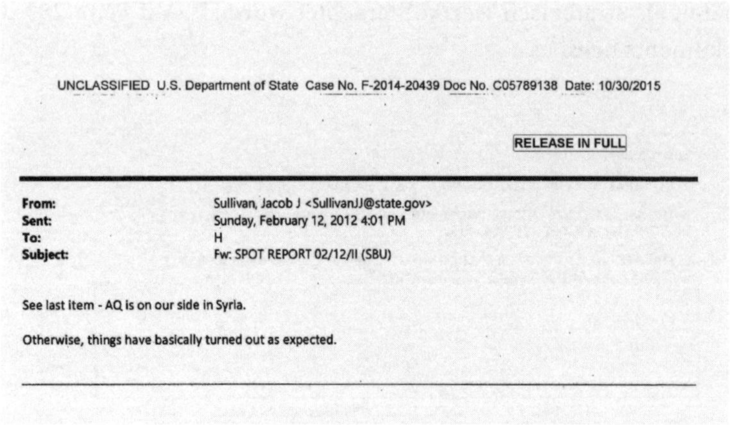
UNCLASSIFIED U.S. Department of State Case No. F-2014-20439 Doc No. C05789138 Date: 10/30/2015

RELEASE IN FULL

From: Sullivan, Jacob J <SullivanJJ@state.gov>
Sent: Sunday, February 12, 2012 4:01 PM
To: H
Subject: Fw: SPOT REPORT 02/12/II (SBU)

See last item - AQ is on our side in Syria.

Otherwise, things have basically turned out as expected.

Zusätzlich zu den bereits genannten Eingeständnissen schreibt Chossudovsky in »Five Years Ago: The US-NATO-Israel Sponsored Al-Qaeda Insurgency in Syria. Who was Behind the 2011 ›Protest Movement‹?«:[69]

> Vom ersten Tag an wurden die islamistischen »Freiheitskämpfer« von der NATO und dem Oberkommando der Türkei unterstützt, ausgebildet und ausgerüstet. Quellen des israelischen Nachrichtendienstes berichten (Debka, 14. August 2011):
>
> Unterdessen entwerfen das NATO-Hauptquartier in Brüssel und das türkische Oberkommando Pläne für ihren ersten militärischen Schritt in Syrien. Der besteht darin, die Rebellen mit Waffen für den Kampf gegen die Panzer und Hubschrauber auszurüsten, die an vorderster Front beim harten Durchgreifen des Assad-Regimes gegen Abweichler stehen. […] NATO-Strategen denken eher darüber nach, die Hochburgen des Protests mit großen Mengen an Anti-Tank- und Luftabwehrraketen, mit Mörsern und schweren Maschinengewehren zu versorgen, mit denen sie die gepanzerten Streitkräfte zurückschlagen sollen. (DEBKAfile, NATO to give rebels anti-tank weapons, 14. August 2011)
>
> Im Rahmen dieser Initiative, die auch von Saudi-Arabien und Katar unterstützt wurde, wurden zielgerichtet Tausende dschihadistischer

> »Freiheitskämpfer« rekrutiert, was daran erinnert, wie zu Zeiten des sowjetischen Afghanistankrieges Mudschaheddin angeheuert wurden, um den Dschihad (Heiligen Krieg) der CIA zu führen ...

Weiter erklärt Chossudovsky in »Bill Clinton Worked Hand in Glove with Al Qaeda: ›Helped Turn Bosnia into Militant Islamic Base‹«:[70]

> Rückblickend weist die verdeckte Unterstützung, die die Regierung Obama dem IS in Syrien und Irak zukommen ließ, eine unheimliche Ähnlichkeit auf zu der Art und Weise, wie die Regierung Clinton in Bosnien und im Kosovo die militante islamische Basis förderte. Dies spricht dafür, dass es weniger das Weiße Haus und das Außenministerium sind, sondern vielmehr die US-Geheimdienste, die die Hauptrichtung der Außenpolitik vorgeben. Diese besteht darin, »dschihadistische« Terrororganisationen dabei zu unterstützen und zu finanzieren, souveräne Staaten ins Wanken zu bringen.

Die Geschichte lehrt uns, dass der schmutzige Krieg gegen Syrien im Einklang steht mit früheren unrechtmäßigen Aggressionskriegen. Und aus dem Westen bezogene Beweise belegen, dass es keinerlei Zweifel gibt: Wieder einmal sind wir die Terroristen.

Die Mediennutzer im Westen müssen die erfundenen Nachrichtengeschichten der Mainstreammedien (die sich mit der Terrorsache verbünden) ablehnen und sich stattdessen Beweisen öffnen. Außerdem müssen wir aus der Geschichte lernen und vermeiden, dieselben tödlichen Fehler wieder und wieder zu begehen. Die Geschichte darf sich nicht mehr wiederholen, das dürfen wir nicht zulassen.

Falsche Vorstellungen von Humanitarismus und das ständige Gefüttertwerden mit Kriegslügen und Manipulationen resultieren in einer geistigen Haltung der Öffentlichkeit, bei der es kein Gestern zu geben scheint.

Ungestraft setzt der Westen seinen Völkermord im Irak fort. Allein das sollte uns zeigen, welche Gefahren es birgt, wenn sich auch anderswo Verstöße wiederholen. So sind beispielsweise kürzlich Beweise dafür aufgetaucht, dass die Terroristen in Ost-Aleppo Massenmorde begingen und gefoltert haben. Der syrische Parlamentarier **Faris Schehabi** erklärt in dem am 28. Dezember 2016 veröffentlichten Artikel »Syria-Gate: NATO Weaponry and Personnel in East Aleppo«:

> Haben die Terroristen also die Stadt vollständig verlassen? – Ja, aber vor ihrem Abzug haben sie mehr als hundert syrische Soldaten und Hunderte Zivilisten hingerichtet. Wir haben ihre Leichen gefunden. Es ist alles dokumentiert. Jede unabhängige internationale Untersuchung kann sich die Beweise für diese Terrorverbrechen ansehen und sie überprüfen.

Dass in den besetzten Gebieten Menschen gefoltert und abgeschlachtet wurden, passt zur Strategie des Westens und der CIA. Die Autoren Doug Valentine und Nicholas J. S. Davies schrieben in »War Crimes as Policy« am 31. Mai 2013:

> Im Februar veröffentlichten Guardian und BBC Arabic eine Dokumentation, in der es um die Rolle ging, die der pensionierte Oberst James Steele beim Anwerben und Ausbilden und bei den ersten Einsätzen von Sonderpolizeikommandos im Irak spielte. Diese werden von der CIA beraten und finanziert.
>
> In der Dokumentation wird erklärt, wie die Kommandos Zehntausende irakischer Männer und Knaben folterten und ermordeten. Aber die Kommandos waren nur eine der zahlreichen Massenvernichtungswaffen, die die Amerikaner im Irak einsetzten. Neben den US-Streitkräften (die wahllos töteten) und mehreren von der CIA finanzierten Todesschwadronen (die selektiv töteten) und der Amok laufenden Palastwache der CIA (der 5000 Mann starken sogenannten Goldenen Division) waren die Kommandos Teil einer Völkermord-Kampagne, die 2008 ungefähr 10 Prozent aller im Irak lebenden Sunniten tötete und etwa die Hälfte aller Sunniten aus ihrem Zuhause vertrieb.

Die unrechtmäßigen Invasionen im Irak und in Libyen hat man uns durch Lügen und Täuschung verkauft. Trotzdem bleiben wir scheinbar taub für vernünftige, gut dokumentierte Informationen, denen zufolge der Krieg gegen Syrien ebenfalls mithilfe von Lügen und Täuschungsmanövern geführt wird.

Bei all diesen Kriegen setzen kriegshetzende Imperialisten Täuschungsstrategien ein, aber trotz des fortwährenden Holocausts und der reellen Gefahr eines Atomkriegs kommen dieselben völkermordartigen Strategien wieder und wieder erfolgreich zum Einsatz. Und die Öffentlichkeit sieht sich das nichtsahnend mit an.

Wie sehen diese Strategien aus, und was können wir ihnen entgegensetzen?

Mithilfe des »Soft-Power-Komplexes« wird im Inland Hass gegenüber den ständig neu definierten Feinden geschürt, gleichzeitig holt man sich unter den falschen Bannern von Demokratie, Freiheit oder humanitärer Intervention die Zustimmung zu dauerhaftem, unrechtmäßigem Krieg ein. Der Komplex sorgt zudem für mörderisches Chaos in den Zielländern und destabilisiert sie. Manchmal treten unvorhergesehene Konsequenzen auf, aber keine dieser Strategien sind Fehler, wie es uns Apologeten weismachen wollen.

Häufig greifen die Mainstreammedien für ihre Geschichten auf Quellen zurück, bei denen die PR künstlich fabriziert wurde. Gute Beispiele in dieser Hinsicht sind die Weißhelme und die Syrische Beobachtungsstelle für Menschenrechte (SOHR). Sie verbreiten ihre Geschichten oftmals über Kommentatoren, deren Verbindungen zum militärisch-industriellen Komplex der Öffentlichkeit größtenteils nicht bekannt sind. Bei einer Analyse, die die Public Accountability Initiative im Oktober 2013 durchführte, traten weitverbreitete Interessenkonflikte zutage. Betroffen davon waren 22 Medienkommentatoren, die vermeintlich »objektive« Expertisen über eine geplante, unrechtmäßige (künftige) Invasion anboten.[71]

Darüber hinaus scheinen mittlerweile inszenierte Bühnenpräsentationen, bei denen Schauspieler eine Form von Realität vortäuschen, wohl legal zu sein. Ein Nachtrag zum National Defense Authorization Act von 2013 erlaubt es der Zentralregierung der Vereinigten Staaten, die inländische Öffentlichkeit mit Propaganda zu bearbeiten.

Wir haben es infolgedessen nicht nur mit Informationen aus falschen Medienquellen sowie von den Gatekeepern der Medienkonzerne und durch Interessenkonflikte belastete Kommentatoren zu tun, wir müssen uns auch mit künstlichen Dramen auseinandersetzen, die bei der Bevölkerung Urängste und Instinkte ansprechen sollen. Es ist ein in sich geschlossener Kreislauf aus Lügen, Täuschungen und Verhaltensänderungen. Darüber hinaus zeigen aktuelle Beweise, dass die Täuschungsmatrix hervorragend darin ist, Zustimmung für die abscheulichsten Verbrechen herbeizuführen, die man sich nur vorstellen kann.

Demokratie setzt eine informierte Bevölkerung voraus, aber die Regierungseinrichtungen arbeiten unter Hochdruck daran, ihr Publikum weiterhin im Dunkeln tappen zu lassen. Die degenerierten Kontrolleure gewinnen; die dystopische Zukunft, die Orwell einst vorhersagte, ist zur Gegenwart geworden.

Kapitel 6

Syrer unterstützen ihre Heimat

Bevor der Westen seinen von langer Hand geplanten schmutzigen Krieg gegen Syrien begann, respektierten die Syrer den Glauben ihrer Mitmenschen. Für sie war das ein persönliches Anliegen und wichtig für ihre Seele. Politik und Religion waren durch einen gut funktionierenden Schutzwall voneinander getrennt. Syrer sind sehr gebildet: Vor dem Krieg war die Zahl der Analphabeten sehr niedrig.

Die meisten Syrer durchschauen die Lügen und Manipulationen der imperialen Mächte, die versuchen, mithilfe der Religion einen Keil zwischen die Gruppen zu treiben. Diese »Teile und herrsche«-Strategie konnten sie bereits in allen anderen Staaten beobachten, die in der jüngeren Vergangenheit vernichtet wurden. Das gilt insbesondere für den Irak. Die Syrer haben das nicht vergessen.

Wenn die Imperialisten auf diese Strategien setzen, reagieren die Syrer im Allgemeinen immun darauf. Sie haben begriffen, dass Syrien auch künftig pluralistisch und säkular bleiben muss. Sie haben begriffen, wie wichtig Toleranz ist, und sie haben keinen Bedarf an Hass.

Den Syrern ist klar, dass sie ihre Heimat vor jenen verteidigen, die der Region die extremistische, nicht zum Islam gehörende Ideologie des Wahhabismus aufzwingen wollen. **Dr. Joseph Sadeh** erklärt:[72]

Was in Maalula geschehen ist, ist keine Revolution. Banden von Terroristen griffen die Kultur an und zerstörten die Kultur und zerstörten alles Gute und alles, was mit der Geschichte zusammenhing. Sie wollen, dass wir so werden wie sie, und sie werden uns töten, denn sie gehören der Ideologie der Wahhabiten an und sie akzeptieren einander nicht. Entweder wird man wie sie, oder sie töten einen. Das ist die grundlegende Ideologie hinter dem, was als Revolution bezeichnet wird. Und sie zerstörten Syrien, indem sie alles in Syrien kaputt machten, die Fabriken beispielsweise, alles, was zum Aufbau von Kultur beitrug. Und sie werden von Amerika und den europäischen Regierungen unterstützt.

Großmufti mit dem Autor Mark Taliano

Wenn von Demokratie geredet wird, dann ist das hohles und beleidigendes Gerede. Als ein amerikanischer Tourist einen **älteren Syrer** zum Thema Demokratie befragte, explodierte der Syrer vor Empörung – zu Recht. Die Terroristen hatten jemanden getötet, der ihm lieb und teuer gewesen war (eine für Syrer leider allzu alltägliche Geschichte), und der Mann hat verstanden, dass Obama und dessen Verbündete für den vom Ausland finanzierten Terrorismus verantwortlich sind und dass sie genauso verantwortlich sind für die grundsätzlich erfolglosen Bemühungen, die Religion in Syrien zu politisieren. Mit Demokratie hat das nicht das Geringste zu tun.

»Ich unterstütze mein Heimatland«, betonte der sichtlich aufgebrachte Mann.[73]

Er durchschaut die Lügen und die Verwirrung und erkennt die schlichte Wahrheit, dass seine Heimat vor der Ignoranz verteidigt werden muss. Keine der Terrorgruppen hat das Recht, Syrien ihre barbarische Ideologie aufzuzwingen, und wann immer sie es versuchen, stecken dahinter die Pläne des Imperiums, Syrien zu teilen und zu beherrschen.

Wenn Gruppen wie der IS/Daesh im Namen der wahhabitischen Ideologie Menschen aller Glaubensrichtungen abschlachten, stehen sie damit nicht im Einklang mit dem Islam. Sie handeln als Werkzeuge des religionsfeindlichen Imperialismus.

Genauso gilt: Wer um des Profits willen Waffen herstellt, handelt gegen die Religion. Kein Islam, kein Christentum, kein Judentum und keine andere Religion heißt es gut, Krieg um des Gewinns willen zu führen. Syriens Großmufti vermittelt diese Lektion sehr gut. Eine weitere seiner Lektionen:

> Wenn Politiker die Religion als Teil ihrer Slogans nutzen, handeln sie gegen die Religion. Es muss eine klare Trennung zwischen Kirche und Staat geben. Jeder Staat, der sich der Menschlichkeit entzieht, indem er ausschließlich eine einzige Religion unterstützt, ist ein gefährlicher Staat.

Syrer und die Syrisch-Arabische Armee (SAA)

Syrer stehen hinter der syrischen Armee. Zahlreiche militärische Kontrollpunkte verlangsamen zwar den Verkehrsfluss, aber die Syrer begrüßen die Maßnahme. Häufig pflegen sie ein freundliches und anerkennendes Verhältnis zu den Soldaten, die ihr Leben beschützen. Bei einem Kontrollpunkt bot der Fahrer einem Soldaten eine Zigarre an, und die beiden Männer umarmten sich herzlich. Lachen und Kollegialität ist eher die Regel als die Ausnahme.

Auch **Ali Salem,** Hauptmann der syrischen Armee, durchschaut das Lügengespinst. Wie so viele Syrer und so viele syrische Soldaten ist Ali ein gebildeter Mensch. Er hat promoviert und ist Tierarzt, aber bei Kriegsausbruch wurde sein ursprünglich auf 18 Monate angesetzter Wehrdienst verlängert. Auf Arabisch, Französisch und Englisch erklärte er, dass Agenten des Imperiums die Proteste des »Arabischen Frühlings« ausnutzten und anfachten, indem sie auf Polizisten und Militärpersonal schossen. Ziel war es, für Chaos zu sorgen und einen Krieg herbeizuführen, in dem unislamische und vom Ausland finanzierte Terroristen eine Rolle spielen. Zu den Terroristen würden auch Syrer von der Straße zählen, Diebe und Kriminelle, Dieselschmuggler und Drogenschmuggler, so Salem. Es gebe auch Menschen, die kämpfen, weil man damit drohte, sie oder Familienmitglieder zu töten. Zu den Terroristen gehörten aber auch »Importe« aus etwa achtzig Nationen.

Nach dem Krieg werden die Schulen die Wahrheit über den Krieg berichten müssen, damit sich die aktuelle Krise nicht wiederholen kann, sagt Salem.

Die Aussage von Hauptmann Ali Salem wird unterstützt durch die Aussage des Terroristen Mohammed Faradsch Hallak, wie sie die *Syrian Arab News Agency* in der Meldung »Terrorists in Aleppo's eastern neighborhoods monopolizing food and preventing civilians from leaving« wiedergibt.[74] Laut Hallak horten die Terroristen Lebensmittel und geben Essen nur an Menschen weiter, die mit den Terroristen gemeinsame Sache machen und ihre Befehle befolgen. Sie zwingen andere, gegen die SAA zu kämpfen, und drohen ihnen mit Ermordung. Wer protestiert, wird ins Gefängnis geworfen, und in »humanitären Korridoren« zünden die Terroristen Sprengsätze, um die Menschen daran zu hindern, die von den Terroristen besetzten Gebiete zu verlassen.

Wie die Gefangenschaft der Menschen in den von Terroristen besetzten Gebieten abläuft und wie sie gezwungen werden, die Wünsche der Besatzer zu erfüllen, unterstreicht ein Eintrag, den **Lilly Martin** auf Facebook mit Freunden teilte:[75]

> Breaking News aus Ost-Aleppo: 21. Oktober 2016: Eine Familie hat es geschafft und sich in Sicherheit gebracht! Ja, ich habe das Interview mit der Familie im Lokalfernsehen gesehen. Die Frau sagte, sie waren es leid, so viele Tage zu warten, bis sie sich in Sicherheit bringen konnten. Sie wussten, dass Leute, die versuchten zu fliehen, von Scharfschützen beschossen werden, aber sie beschlossen, es dennoch zu versuchen, denn der Mann war krank und brauchte Medikamente und Essen. Sie bemerkten eine Gruppe Zivilisten, die ebenfalls auf eine günstige Gelegenheit wartete, sich davonzumachen. Sie liefen alle gemeinsam los. Während sie noch rannten, wurden zehn Zivilisten um sie herum erschossen, darunter auch eine Schwangere! Ihr Ehemann sagte, er habe früher 85 Kilogramm gewogen, jetzt nur noch 65. Er war eingefallen und sah kränklich aus und ging am Stock. Auch die Kinder sagten, sie hätten in Angst vor den Terroristen gelebt. Die Terroristen hätten nicht erlaubt, dass die Kinder in die Schule gehen, und wenn Kinder in den Straßen standen und die Terroristen anstarrten, schossen sie auf die Kinder. Eine Packung Brot hatte früher 25 Lira gekostet, jetzt waren es 1000 Lira. Unglaubliche Härten und Leiden. Ich glaube diese Geschichten, denn sie kamen direkt aus dem Mund dieser Menschen, nur wenige Minuten, nachdem sie gerannt waren, um in Sicherheit zu gelangen. Wäre ich ein Reporter, der Geschichten wiedergibt, könnte ich Zweifel anmelden, aber ihre Geschichten kann man nicht anzweifeln. Ich habe mir immer gesagt: Sobald Menschen aus Ost-Aleppo fliehen können, wirst du Horrorgeschichten zu hören bekommen, und diese Geschichten werden direkt auf die von Amerika geför-

derten und unterstützten Terroristen zurückfallen. Später werdet ihr auch die WAHRE Geschichte der Weißhelme zu hören bekommen, sie wird ebenfalls enthüllt werden.

Nadschi Wabi ist ebenfalls ein stolzer Syrer und der Bürgermeister der uralten Stadt Maalula. Terroristen hatten den historischen Schrein der heiligen Thekla zerstört und geplündert, bevor es der syrischen Armee gelang, die Terroristen in einer blutigen Schlacht zu besiegen. 200 syrische Soldaten starben dabei. Die Luftwaffe konnte dabei keine Unterstützung bieten, denn die Terroristen waren mit modernen Luftabwehrwaffen ausgestattet – mit freundlichen Grüßen des Westens und seiner Verbündeten. Auf die Frage, wer schuld sei, benannte Wabi Saudi-Arabien, Katar, die Türkei und die USA.[76]

Syrien ist ein heiliges und großartiges Land, ein Land mit viel Geschichte, das der Menschheit noch immer neu entdeckte archäologische Schätze zu bieten hat. Syrer wie diejenigen, von denen eben die Rede war, sind tapfere Verteidiger, die für uns alle kämpfen.

Westliche Politiker unterstützen den Terror

Im Westen steht man der syrischen Regierung kritisch gegenüber. Es handele sich um ein Regime, sagt man, Assad sei ein brutaler Diktator. Der Westen schluckt die Lügen, die ihm löffelweise eingetrichtert werden, und ist dabei offensichtlich blind für die Tatsache, dass westliche Geheimdienste die Köpfe der Menschen im Westen so stark kontaminiert haben, dass die Menschen Schwarz für Weiß und Weiß für Schwarz halten. Die Menschen im Westen glauben irrtümlich, sie würden in einer Demokratie leben, obwohl es zwischen den herrschenden Parteien bestenfalls nur geringe Unterschiede gibt, obwohl das Establishment den selbstdarstellerischen Politikern ihr Handeln vorgibt und die Politiker darauf reduziert sind, als PR-Agenten zu wirken.

In Syrien dagegen wird der von außen vorangetriebene Krieg intern gelöst, und die Lösungsansätze sind oftmals das Ergebnis echter demokratischer Prozesse – nicht so wie die gefälschten demokratischen Prozesse, die im Westen als Demokratie verkauft werden.

Dr. **Ali Haidar** hat einen Sohn an die Terroristen verloren und zählt zur offiziellen syrischen Opposition, nicht zu der vom Ausland unterstützten terroristischen »Opposition«. Diese Opposition, die echte Opposition, entwickelte die geniale Idee eines »Ministeriums für Versöhnung«, eine Idee, die den westlichen Invasoren viel Verdruss bereitet, die aber die Zustimmung der syrischen Regierung fand.

Während der Westen seine terroristischen Handlanger weiter mit einem steten Strom an modernen Waffen versorgt, kommt dem Ministerium für Versöhnung die Aufgabe zu, den Terroristen die Waffen aus den Händen zu nehmen. Und während die westlichen Staaten Terroristen aus 95 Ländern aus aller Welt unterstützen (so besetzten beispielsweise etwa 800 Terroristen aus dem Libanon und Libyen, die mit westlichen Waffen ausgerüstet waren, die Burg Krak des Chevaliers), fällt dem Ministerium für Versöhnung die Aufgabe zu, diese Personen – ohne ihre Waffen – nach Hause zu schicken.

Flagge der terroristischen Levante-Front, Ost-Aleppo

In Syrien ist eine beträchtliche Zahl ausländischer Terroristen aktiv. Der Journalist **Steven Sahiounie** schreibt über den türkischen Präsidenten Erdoğan:[77]

> [Er] hat seine eigene Söldnerarmee chinesischer Staatsbürger eingesetzt – die Uiguren. Er hat ihnen türkische Reisepässe ausgestellt, mit deren Hilfe sie legal durch Zentralasien in die Türkei reisen. Am Flughafen in der Türkei erkannten die Einwanderungsbeamten diese speziellen Reisepässe und zogen sie ein, ließen die Chinesen aber legal in die Türkei einreisen. Präsident Erdoğan hatte dafür gesorgt, dass sie von dem türkischen Flughafen aus über die lange und durchlässige Grenze in die Region nördlich von Idlib transportiert werden, einstmals eine mittelgroße Stadt im Nordwesten Syriens. Im Istanbuler Bezirk Zeytinburnu arbeitet Nurali T., ein uigurischer Türke, daran, Terroristen nach Syrien zu bringen. Mit ausdrücklicher Zustimmung der türkischen Regierung und vor allem der türkischen Nachrichtendienste versorgt er Militante weltweit mit Reisepässen. Der Büromanager von Nurali T. sagt: »Mehr als 50 000 uigurische Türken kamen mit diesen falschen Reisepässen aus China über Thailand und Malaysia in die Türkei. Nachdem sie einen Tag in Istanbul gewesen waren, reisten sie nach Syrien ein.

Es gibt, wie bereits zuvor erwähnt, aber auch in Syrien geborene Terroristen. Diejenigen syrischen Zivilisten, die ihre Waffen niederlegen und sich am Versöhnungsprozess beteiligen, kehren letztlich entweder in ihren früheren zivilen Job zurück (der Staat wird ihnen helfen, was eine Anstellung und Einkommen angeht) oder sie schließen sich den Brigaden der syrischen Armee an, damit sie den wahren Feind bekämpfen können. Fallen sie im Kampf gegen den wahren Feind, werden sie Märtyrer und haben damit einen Teil ihrer Schuld wettgemacht.

Obwohl es eine Fatwa gibt, die besagt, dass jeder getötet wird, der sich auf eine Versöhnung einlässt, haben sich bislang 20 000 syrische Terroristen für das Programm angemeldet und die Amnestie akzeptiert.[78]

Der verheerende schmutzige Krieg wurde Syrien von außen aufgezwungen und wird von außen fortgeführt, aber die Lösungen, die zum Ende der Gewalt beitragen, werden von innen heraus erzeugt, und so wird es auch immer bleiben. Alles, was der Westen an »Lösungen« anbietet, ist notwendigerweise eine falsche Lösung, denn der Westen strebt einen Regierungswechsel und/oder eine Balkanisierung des Landes an, und das würde Syrien ganz genauso zerstören, wie es zuvor im Irak, in Libyen, Afghanistan und der Ukraine der Fall gewesen ist. Und die Marionette, die Präsident Assad ersetzen würde, käme aus der Jauchegrube der wahhabitischen Extremisten, die sich das Geschehen von der Seitenlinie aus ansehen.

Die Mainstreammedien sind durch und durch korrupt

Die US-Regierung hat unglaublich viel Spielraum, um sich Dinge quasi aus den Fingern zu saugen, und das gilt umso mehr, seit sie zusätzlich unter dem Schutzmantel des National Defense Authorization Acts agiert. Dennoch hat das die Reporter nicht dazu ermutigt, Quellen gründlicher zu hinterfragen oder sich um zweite Quellen zu bemühen. Es passiert jedenfalls nicht häufig genug, als dass irgendein vernünftiger Mensch glauben könnte, dass die Berichterstattung der Mainstreammedien zutreffend sein könnte.

Das ist keine Nichtigkeit. Vieles von dem, was im Westen unter »Nachrichten« firmiert, ist laut Völkerrecht verboten. Es ist gefährlich, und es sorgt dafür, dass die Bevölkerung weiterhin einem Handeln zustimmt, das letztlich nichts anderes ist als ein fortwährender Holocaust im Nahen Osten.

Reporter sollten Nichtregierungsorganisationen überprüfen, anstatt blindlings deren Botschaften zu vertrauen und sie in alle Welt hinauszublasen. Die Autorin **Vanessa Beeley,** Mitglied des Steuerungsausschusses bei Syria Solidarity Movement International, sagt, dass diese NGOs einen »Soft-Power-Komplex« bilden, der die Hegemonie des Imperiums vorantreiben soll (anstatt zu Frieden und Wohlstand beizutragen). Das zeigt auch die folgende Grafik.[79]

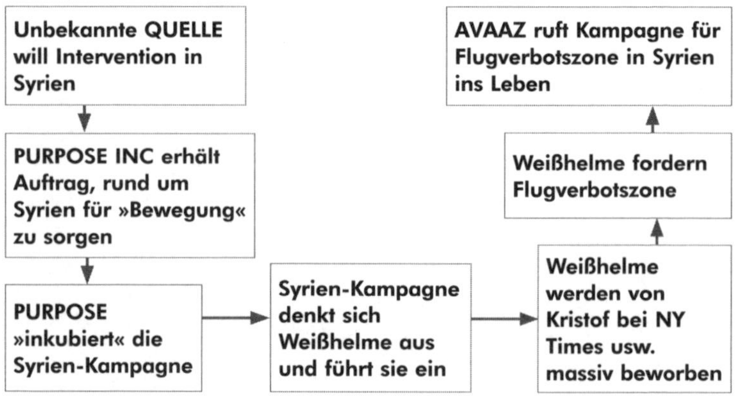

In »Seven Steps of Highly Effective Manipulators« zeigt **Rick Sterling** die Reihenfolge der Ereignisse, die dazu führten, dass Avaaz eine Flugverbotszone für Syrien forderte.[80]

Eva Bartlett hat eine Zusammenstellung der fragwürdigen Organisationen und Personen erstellt, darunter auch einige, die hier bereits zuvor erwähnt wurden.[81]

Wer daran interessiert ist, über die Wahrheit zu berichten, der muss der Frage nachgehen, wer woher sein Geld bezieht.

So wissen wir beispielsweise, dass der US-amerikanische Kongress die Hilfsorganisation US Aid und deren Ableger finanziert, darunter auch das National Endowment for Democracy (NED) und das International Republican Institute (IRI). In dem Artikel »National Endowment of Empire« schrieb ich 2014:[82]

> Vom Haushalt, den der Kongress für US AID verabschiedet hat, fließen Mittel zum NED und deren Tochterunternehmen und letztlich zu Gruppen innerhalb der Zielländer, deren politische Ökonomie nicht im Einklang steht mit globalisierten Wirtschaftsmodellen des Monopolkapitalismus.
>
> Hinter der demokratischen Fassade des NED versteckt sich ein Aufsichtsgremium, das vollgestopft ist mit Mitgliedern, die auch Fortune-500-Unternehmen vertreten. Darüber hinaus sitzen auch Personen im Gremium, die die für einen Krieg und eine Korporatokratie eintretende Denkfabrik Project for a New American Century mit ins Leben gerufen haben – Francis Fukuyama, Zalmay Khalizad, Will Marshall und Vin Weber.

Diese Organisationen sind Deckmäntel für die CIA und dienen dazu, überall auf der Welt Regierungswechsel herbeizuführen. Sie sind nicht »Nichtregierung«, vielmehr stehen sie für gesetzeswidrige ausländische Einmischung in die innenpolitischen Belange anderer Nationen, immer mit dem Ziel, diese Staaten den nationalen Interessen der USA unterzuordnen. Auch Kanada ist nicht immun dagegen, dass sich das Ausland gesetzeswidrig in seine innenpolitische Angelegenheiten einmischt. Unter Ministerpräsident Stephen Harper fügten sich die Konservativen den Interessen der USA.[83]

> Zusätzlich zu den Kampagnenschulen wird das IRI Berater einbringen, die darauf spezialisiert sind, eine Partei neu aufzustellen. Sie werden Fallstudien von politischen Parteien in Deutschland, Spanien und Kanada vorstellen, die diesen Prozess erfolgreich durchlaufen haben.

Die »Neuaufstellung«, von der in diesem Telegramm die Rede ist, bezieht sich auf die Umwandlung der Progressiv-konservativen Partei Kanadas in eine dem US-Imperium südlich der Grenze gegenüber größtenteils gefügige Konservative Partei Kanadas (CPC) nach Vorbild der US-Republikaner.

Wann immer eine Regierung »neu aufgestellt« wurde oder sich eine Revolution zu offenem Krieg auswächst, lauern diese »Nichtregierungsorganisationen« im Hintergrund und schüren das Chaos. US AID beispielsweise unterstützt die diskreditierten Weißhelme (Syrischer Zivilschutz) finanziell.

Auf Facebook schreibt **Janice Kortkamp:**[84]

> Studenten der Universität Aleppo veröffentlichten dieses Video, in dem sie ihre Unterstützung für die syrische Armee bekundeten. Die Universität war das Ziel brutaler Bombardierungen seitens der »Rebellen«-Terroristen in Aleppo.
>
> In den US-Mainstreammedien liest man nur über die Angriffe der syrischen und russischen Streitkräfte auf die »Rebellen« in Ost-Aleppo. Und ja, es sind harte Angriffe ... sie versuchen, die in diesem Video angesprochenen Terrorbanden auszurotten, die das Leben in Aleppo seit mehreren Jahren zur Tortur machen.
>
> Die Männer und Frauen in der syrischen Armee kommen aus sämtlichen religiösen und ethnischen Gruppen, die es im Land gibt. Sie bekämpfen einen gemeinsamen Feind, der – unabhängig davon, ob der Westen sie als »gemäßigt« bezeichnet oder nicht – nicht nur brutal ist und der nicht nur zum Völkermord an vielen aufgerufen hat. Nein, dieser Feind würde mit seinen Enthauptungen, Folterungen, Morden, Vergewaltigungen, Entführungen und Plünderungen sogar Dämonen stolz machen.

> Auf meinen Reisen nach Syrien habe ich viele Soldaten der Armee kennengelernt, und sie sind meine Helden. Sie führen ein so hartes Leben. Einige Familien haben in diesem furchtbaren Krieg all ihre Söhne gelassen.
>
> Aber es sind die »Rebellen« – die Terroristen –, die mit Autobomben arbeiten, mit Selbstmordattentaten, die mit Mörsern und Gewehrkugeln gegen zivile Stadtviertel, Krankenhäuser und Schulen vorgehen. Vor Kurzem führten sie einen Angriff auf eine Grundschule durch. Viele Kinder und Lehrkräfte verloren ihr Leben.
>
> Und die Weißhelme??? Kommt mir nicht mit den Weißhelmen!! Das sind Terroristen, die man dabei gefilmt hat, wie sie an Kämpfen und Hinrichtungen teilnahmen – sie machen falsche Propagandavideos für das gutgläubige Publikum im Westen.

Und was die angebliche Neutralität der Organisation angeht: Human Rights Watch spricht sich dafür aus, aus »humanitären Gründen« in Syrien Bombenangriffe zu fliegen.[85]

Auch private Nachrichtendienste sind Teil dieses »Soft-Power-Komplexes«. Die Search for International Terrorist Entities Intelligence Group (SITE) beispielsweise lieferte die Enthauptungsvideos des IS und dazugehörige Bilder. (Dahinter steckt möglicherweise die Absicht, die öffentliche Meinung dahingehend zu beeinflussen, dass ein – rechtswidriger – Einmarsch in Syrien »zur Bekämpfung des IS« unterstützt wird.)

Nachrichtendienste nutzen SITE als einzige Quelle für Nachrichten, auch wenn es der Berufsethos vorschreibt, für alles eine zweite Quelle zu haben. Die Autorin und Journalistin **Naomi Wolf** schreibt auf ihrer Facebook-Seite:[86]

> Diese Google-Suche, die zeigte, dass jede einzelne große Nachrichtenquelle ohne eine zweite Quelle SITE zitiert bei all ihren zentralen Beteuerungen zum Wesen dieser Bedrohung, zur Frage, wer es getan hat und wie es weitergeht, ... beunruhigt mich zutiefst. Liebe Mit-Journalisten: Ich verlange ja gar nicht von euch, dass ihr für Erkenntnisse in Sachen Terrorbekämpfung eine weitere unabhängige Quelle findet, auch wenn das euer Job ist. Ich verlange noch nicht einmal, dass ihr so

weit geht, auch wenn ihr sehr wohl wisst, dass in unserem Beruf eine zweite Quelle die Mindestanforderung ist, um etwas zu bestätigen. VERÖFFENTLICHT DOCH EINFACH DEN TWEET. POSTET DIE URL.

SITE behauptet, diese Twitter-Feeds vom IS ... diese extremistischen Websites ... diese Videos ... online zu finden. Es gibt NUR EIN Internet. Wir alle sollten völlig problemlos diese Angaben online überprüfen können. *New York Times, Time Magazin, Guardian, Daily News, Sunday Times, Observer, Wall Street Journal* etc. etc. etc. – wenn ihr beteuert, dass SITE beteuert, in Tweets oder auf Websites werde X oder Y gesagt, dann tut doch das, was journalistisch angemessen ist: VERÖFFENTLICHT EINFACH DEN TWEET ODER DIE URL, DAMIT DIE LESERSCHAFT ES SELBER NACHPRÜFEN KANN. Und wenn der Tweet oder die URL auf Arabisch ist, na und? Es ist doch keine Keilschrift. Es gibt Google Translate, und in dieser kleinen, vernetzten Welt hat jeder Freunde online, die Arabisch sprechen. Wir können die Übersetzungen allein erstellen. Habt IHR, ihr Medienunternehmen, die Tweets oder URLs unabhängig überprüft? Falls ja, warum gebt ihr die Quellen nicht in den digitalen Versionen eurer Artikel an? Team Humanity, kannst du dich bitte an die Redakteure der Medienunternehmen wenden und sie auffordern, sich an dieses völlig normale journalistische Gebaren zu halten?

Im Oktober 2015 tauchte ein Video auf, das zeigt, wie gefährlich es sein kann, wenn man politische Entscheidungen und Einschätzungen auf der Grundlage diskreditierter Quellen trifft. Ein Sprecher des US-amerikanischen Außenministeriums erhob den sehr ernsten Vorwurf, Russland habe in Syrien Krankenhäuser bombardiert. Als man den Sprecher befragte, auf welcher Grundlage er diesen Vorwurf erhebe, bezog er sich auf Presseberichte, Bürgerrechtsgruppen und »operative Informationen«. Es gibt allerdings starke Beweise, die dafür sprechen, dass die Information falsch ist. Kürzlich erhob das US-Außenministerium erneut nicht begründete Vorwürfe, Russland habe Krankenhäuser bombardiert. Der Sprecher John Kirby machte keine Angaben darüber, wo die angeblichen Bombenangriffe stattgefunden haben, er machte keine Angaben zu den beteiligten syrischen

Hilfsorganisationen und »sonstigen Quellen«, und er veröffentlichte auch keine detaillierte Auflistung der angeblich bombardierten Krankenhäuser.[88]

Auf Facebook nahm die unabhängige Enthüllungsjournalistin **Vanessa Beeley** diese Klarstellung vor:[89]

Falls das staatliche Kinderkrankenhaus in Aleppo gemeint sein sollte ... es ist das einzige, das es dort gibt ... seit 2012 ist es kein Krankenhaus mehr. Es wurde zum Hauptquartier der al-Nusra-Front und zu einem Scharia-Gericht umfunktioniert, zusammen mit der Augenklinik.

Vielleicht sollten wir die Krankenhaus-Lage in Aleppo noch einmal verdeutlichen: Staatliche Krankenhäuser: Kinder- und Augenklinik. Das Nationalhospital war noch im Bau, als die Terroristen einfielen, es ist also nicht in Betrieb. Dann die privaten Krankenhäuser: Dakak, Jassin Dschaban und das Islamische Hospital. Zusammen hatten die alle weniger als fünfzig Betten.

Das Omar-Abdul-Asis-Krankenhaus, das von Großmufti Badreddin Hassun eingerichtet wurde. Die einzigen beiden, die noch in Betrieb sind, sind Omar Abdul Asis und Jassin Dschaban ... allerdings sind die beiden voll belegt von der al-Nusra-Front und angegliederten Söldnerbrigaden wie Nureddin al-Sinki. Die obersten beiden Stockwerke dieser beiden Krankenhäuser werden von Scharfschützen als Hochsitz genutzt.

Zivilisten werden dort nicht behandelt oder erhalten zumindest keine Priorität gegenüber den Terrorkämpfern. Die BBC führte einen Dr. Osama, 32, als einen der »letzten Mediziner in Aleppo« an. Leider heißt es auf der Facebook-Seite eines seiner Anhänger, dass sich der sogenannte Dr. Osama am selben Tag, am 8. November, in der Türkei aufhielt. Fake News.

Eine weitere Erklärung kommt von der in Syrien lebenden **Lilly Martin:**[90]

Wenn CNN und BBC und MSN davon sprechen, dass »Krankenhäuser bombardiert« werden, beziehen sie sich auf Berichte, die sie von den Terroristen erhalten haben, und die meinen Häuser, nicht Krankenhäuser. Ein Beispiel: Du lebst in einem bestimmten Viertel, und die bewaffneten Terroristen kommen und reißen die Macht an sich. Sie haben verletzte Terroristen dabei, die behandelt werden müssen. Sie haben reichlich von den allerbesten Medikamenten, denn es kommt alles aus den USA und Großbritannien. Sie übernehmen also dein Haus und setzen dich und deine Familie vor die Tür. Und voilà, schon ist dein Haus ein Krankenhaus. War es vorher jemals ein Krankenhaus? Nein. Weiß irgendjemand auf diesem Planeten, dass es ein Krankenhaus ist? Nein, nur die örtlichen Terroristen wissen, dass dieses Gebäude ein Krankenhaus ist. Dann bombardiert das syrische oder das russische Militär Terroristen, und deren »Krankenhaus« wird getroffen. War es je ein Krankenhaus? Nein, es war ein Haus in einem Gebiet, das vor Terroristen nur so wimmelt. Aber wenn man sich CNN und BBC ansieht, dann ist es plötzlich ein Krankenhaus.

Das sind keine belanglosen Lügen oder Falschdarstellungen, denn falsche nachrichtendienstliche Erkenntnisse haben in der Vergangenheit bereits als Katalysator für unrechtmäßige Invasionen gedient und werden es auch in Zukunft gewiss wieder tun.

Die Mainstreammedien müssen sich neu erfinden. Sie müssen aufhören, kriegstreibende Propaganda zu verbreiten, und sie müssen anfangen, über Wahrheiten zu berichten, die auf Beweisen basieren.

Nachwort

Während ich dies schreibe, muss ich an die furchtbare Ironie denken, dass die kanadische Regierung in Syrien Terroristen unterstützt, die Christen abschlachten und enthaupten.

Ich muss an den furchtbaren Preis denken, den die Syrer für ihre – und unsere – Freiheit bezahlen. Mein Facebook-Freund Hassan Omran hat gerade geschrieben, dass sein Vetter Baraa zum Märtyrer geworden ist: »Für den Himmel Gottes der neueste, aber nicht geringste Märtyrer, der sein Land mit seiner Seele und seinem Blut verteidigte – mein Vetter Baraa.« (Facebook-Eintrag vom 29. November 2016)

Aber ich muss auch an meine ersten Eindrücke bei meinem Syrien-Besuch denken. Als ich am ersten Morgen meines Besuchs aufwachte und auf dem polierten Marmorboden an dem Tisch neben dem Brunnen saß, war alles ruhig und leise.

Die Mauern des Hotel-Innenhofs umgaben mich – Reihen harter, dunkler Basaltblöcke und kunstvoll bearbeiteten weichen, braunen Sandsteins, verwoben mit Nischen und Bögen, Zeugnis einer jahrhundertealten Kunstfertigkeit. Hohe Fenster blickten auf den Innenhof hinaus, von den Balkonen quollen Pflanzen, die Gänge zu den Räumen führten über schmale, mit einem Geländer versehene Korridore.

Und über allem der blass-blaue wolkenlose Morgenhimmel.

Eine Taube flog ein und ließ sich im Innenhof nieder, beschützt von den alten Mauern. Ein einheimischer Vogel, bläulich-weiß, schnell und still, schoss auf die Taube herab. Schon waren sie beide verschwunden, fortgeweht in den Morgen von Damaskus.

Ruhe kehrte wieder ein, und der blassblaue Himmel wurde dunkler und tiefer. Wenn all dies vorüber ist, wird Syrien wieder Frieden finden.

Syrien bezahlt mit seinem Blut für unsere Sünden. Wir sollten alle dankbar dafür sein.

Endnoten

1. Ammar ist ein Pseudonym für eine syrische Quelle. Er hat mir seine Geschichte in einer privaten Facebook-Nachricht am 1. Oktober 2016 geschildert. Der Bombenanschlag von Homs hatte sich am 26. Januar 2016 zugetragen.
2. Mit Freunden geteilter Facebook-Eintrag vom 12. November 2016.
3. Dr. Declan Hayes, »The Rape of Kasab«, *Indymedia UK*, 3. September 2014 *(https://www.indymedia.org.uk/en/regions/world/2014/09/517871.html)*. Abgerufen am 9. März 2017.
4. Private Facebook-Nachricht, die Ammar am 1. Oktober 2016 an Mark Taliano geschickt hat.
5. Private Facebook-Nachricht vom 13. November 2016.
6. Private Facebook-Nachricht, die Ammar am 1. Oktober 2016 an Mark Taliano geschickt hat.
7. Facebook-Kommentar von Madschd al-Saim, auf der Seite eines Dritten veröffentlicht, 4. September 2013.
8. Franklin Lamb (in Adra al-Omalia bei der syrischen Armee), »Massacred Syrian Town Ten Months under Siege Freed by the Syrian Army not the U.S. Coalition«. *Hwaairfan's Blog*, 8. Oktober 2014 *(https://hwaairfan.word-press.com/2014/10/08/massacred-syrian-town-ten-months-under-siege-freed-by-the-syrian-army-not-the-u-s-coalition/)*. Abgerufen am 5. Dezember 2016.
9. Mit Freunden geteilter Facebook-Eintrag vom 11. November 2016.

10. Gail Malone, »Daily Archives: November 9, 2016.« *Gailmalone Blog,* 9. November *(https://gailmalone.wordpress.com/2016/11/09/).* Abgerufen am 9. März 2017.

11. Rick Sterling, »Dissecting the Propaganda on Syria«, *Consortium News,* 6. September 2016 *(https://consortiumnews.com/2016/09/06/dissecting-the-propaganda-on-syria).* Abgerufen am 9. März 2017.

12. »Iraq Water Treatment Vulnerabilities«. Dateiname: 511rept.91, vom 22. Januar 1991 und 1995 teilweise deklassifiziert. Das Dokument lässt sich auf der Webseite des Pentagon finden *(www.gulflink.osd.mil/declassdocs/dia/19950901/950901_511rept_91.html).* Abgerufen am 9. März 2017.

13. Dr. Justine Walker, »National Agenda for the Future of Syria: Humanitarian Impact of Syria-Related Unilateral Restrictive Measures«, Büro des Residierenden Koordinators der Vereinten Nationen in der Arabischen Republik Syrien. Veröffentlicht von der Schweizer Direktion für Entwicklung und Zusammenarbeit (DEZA), Seite 6. *The Intercept,* 28. September 2016 *(https://theintercept.com/document/2016/09/28/humanitarian-impact-of-syria-related-unilateral-restrictive-measures/).* Abgerufen am 9. März 2017.

14. Defense-Intelligence-Agency-Dokument 14-L-0552/DIA/1-3, datiert Oktober 2012, enthält Informationen aus dem Zeitraum 1. Mai bis 1. September 2012, freigegeben am 10. April 2015. Die drei betreffenden Seiten findet man bei *Judicial Watch (https://www.judicialwatch.org/wp-content/uploads/2015/05/Pgs.-1-3-2-3-from-JW-v-DOD-and-State-15-812-DOD-Release-2015-04-10-final-version1.pdf).* Abgerufen am 10. Dezember 2016.

15. Ahmed Raschid, »The Taliban: Exporting Extremism«, Foreign Affairs, November-Dezember 1999. Zitiert von Michel Chossudovsky in *America's War on Terrorism.* Hushion House; 2. überarbeitete Ausgabe. 1. Januar 2005.

16. Samuel Westrop, »UK: Jihadists as ›Charity Workers‹«, Gatestone Institute, 10. April 2014 *(www.gatestoneinstitute.org/4258/uk-jihadists-charity-workers).* Abgerufen am 9. März 2017.

17. Robin Matthews, »The Trans Pacific Partnership: Canada and Imperial Globalization - Part one«, *American Herald Tribune,* 20. Mai 2016 *(http://ahtribune.com/world/americas/916-ttp-canada.html).* Abgerufen am 9. März 2017.

18. Waleed Al-Faisal, Kasturi Sen und Yasser Al Saleh, »Syria: end sanctions and find a political solution to peace«, *The Lancet.* Veröffentlicht am 27. Mai 2015 und in Band 3, Nummer 7, Juli 2015 *(http://www.thelancet.com/journals/langlo/article/PIIS2214-109X(15)00046-7/fulltext?rss=yes).* Abgerufen am 9. März 2017.

19. »President al-Assad: Our war on terrorism continues, we will liberate every inch of Syria«, *Syrian Arab News Agency,* 7. Juni 2016 (http://sana.sy/en/?p=79525). Abgerufen am 9. März 2017.

20. Stephen Gowans, *»Aspiring to Rule the World: US Capital and the Battle for Syria«.* Blog *What's Left,* 28. November 2015 *(https://gowans.wordpress.com/2015/11/28/aspiring-to-rule-the-world-us-capital-and-the-battle-for-syria/).* Abgerufen am 9. Dezember 2017.

21. Eva Bartlett, »The Real Syrian Moderates: Voices of Reason«, *Russia Today,* 15. März 2015 *(https://www.rt.com/op-edge/240797-syria-moderate-voices-peace-stability/).* Abgerufen am 9. März 2017.

22. »Defence Minister Sajjan on Syria: Assad must go«, *CTV News,* 22. November 2015 *(http://www.ctvnews.ca/politics/defence-minister-sajjan-on-syria-assad-must-go-1.2669381).* Abgerufen am 9. März 2017.

23. Ken Stone, »Live from Damascus: The Syrian Election Results«, *Global Research,* 18. April 2016. *(http://www.globalresearch.ca/live-from-damascus-the-syrian-election-results/5520592).* Abgerufen am 5. Dezember 2016.

24. »Assad wins landslide 88.7% election victory«, *Al Arabiya News,* 4. Juni 2014 *(http://english.alarabiya.net/en/News/middle-east/2014/06/04/Assad-readies-for-Syria-vote-count-victory-.html).* Abgerufen am 10. Dezember 2016.

25. »Les crimes de Bachar al-Assad depuis juin 2000«, *Réseau International,* 25. August 2015. *(http://reseauinternational.net/les-crimes-de-bachar-al-assad-depuis-juin-2000/).* Abgerufen am 9. März 2017. Übersetzung.

26. Miri Wood, »Syrians Dying, UN Cyclopes Lying. Still.« *Syria News,* 15. Januar 2016 *(http://www.syrianews.cc/syrians-dying-un-cyclopes-lying-still/).* Abgerufen am 9. März 2017.

27. Mit Freunden geteilter Facebook-Eintrag, datiert 28. November 2016, 13:27 Uhr.

28. Rupert Colville (Sprecher des Hohen Kommissars der Vereinten Nationen für Menschenrechte), »Switzerland: UN says militants blocking civilians from leaving E. Aleppo«, *Ruptly* TV, 9. Dezember 2016 *(https://www.youtube.com/watch?v=ZPgTxC04vdM).* Abgerufen am 9. März 2017.

29. Vanessa Beeley, »Aleppo Updates: Tears, Hugs and Smiles, the Relief of Escaping Imprisonment in East Aleppo«, *21st Century Wire,* 29. November 2016 *(http://21stcenturywire.com/2016/11/29/aleppo-updates-tears-hugs-and-smiles-the-relief-of-escaping-imprisonment-in-east-aleppo/).* Abgerufen am 9. März 2017.

30. Customary IHL (International Humanitarian Law) Database. »Practice Relating to Rule 54. Attacks against Objects Indispensable to the Survival of the Civilian Population,« International Committee of the Red Cross (ICRC) *(http://www.ialana.de/files/pdf/arbeitsfelder/frieden/humanit%C3%A4res%20v%C3%B6-recht/Buch-GA.pdf).* Abgerufen am 9. März 2017.

31. U.S. Peace Council teilt den Facebook-Post von Vanessa Beeley, 23. November 2016. *(https://www.facebook.com/USPeaceCouncil/posts/1724197011235104)* Abgerufen am 9. März 2017.

32. ebd.

33. PYD: Partiya Yekîtiya Demokrat, Partei der Demokratischen Union; YPG: Yekîneyên Parastina Gel, Volksbefreiungseinheiten.

34. Lilly Martin, mit Freunden geteilter Facebook-Eintrag vom 20. November 2016.

35. Vanessa Beeley, »Aleppo Updates: The Beginning of the End ~ Dr Nabil Antaki«, *21st Century Wire*, 28. November 2016 *(http://21stcenturywire.com/2016/11/28/aleppo-updates-the-beginning-of-the-end-dr-nabil-antaki/)*. Abgerufen am 9. März 2017.

36. Vanessa Beeley, öffentlich zugänglicher Facebook-Eintrag, 12. Dezember 2016 *(https://www.facebook.com/vanessa.beeley?hc_ref=NEWSFEED&fref=nf)*. Abgerufen am 9. März 2017.

37. Nafeez Ahmed, »Unworthy victims: Western wars have killed four million Muslims since 1990« *(http://www.middleeasteye.net/columns/unworthy-victims-western-wars-have-killed-four-million-muslims-1990-39149394)*. Abgerufen am 9. März 2017.

38. Teilabschrift eines YouTube-Videos, veröffentlicht am 30. Mai 2015. In dem Video kündigt Galati an, den Gesetzentwurf C-51 vor dem Bundesgericht anzufechten *(https://www.youtube.com/watch?v=-AhhC0sngPo)*. Abgerufen am 9. März 2017.

39. Tim Anderson, »The Dirty War on Syria: Barrel Bombs, Partisan Sources and War Propaganda«, *Global Research*, 7. Oktober 2015 *(http://www.globalresearch.ca/the-dirty-war-on-syria-barrel-bombs-partisan-sources-and-war-propaganda/5480362)*. Abgerufen am 10. Dezember 2016.

40. Richard Fidler, »Solidarity with the People of Syria!: Build the Antiwar Movement!«, *The Bullet*. Socialist Project, E-Bulletin Nr. 1332, 18. November 2016 *(http://www.socialistproject.ca/bullet/1332.php)*. Abgerufen am 9. März 2017.

41. Catherine Shakdam, »The Sound of Your Silence«, *Shia News Association*, 19. August 2016 *(http://en.shafaqna.com/news/36383)*. Abgerufen am 9. März 2017.

42. Catherine Shakdam, *From Mecca to the plain of Karbala: Walking with the Holy household of the Prophet*. Aus dem Kapitel »Who was Imam Hussain«. CreateSpace Independent Publishing, 14. Oktober 2016.

43. Catherine Shakdam, »The Walk of Light – Arbaeen Pilgrimage Rises a Great Resistance against Radicalism«, *American Herald*

Tribune, 19. November 2016 *(http://ahtribune.com/religion/1344-arbaeen-radicalism.html).* Abgerufen am 9. März 2017.

44. »Syria: Let Us Make Our Collective Voice of Reason be Heard«, ein dringender Appell des US-Friedensrats: An all unsere Freunde in der Friedensbewegung. U.S. Peace Council, 23. Januar 2016. *(http://uspeacecouncil.org/?p=2826).* Abgerufen am 9. März 2017.

45. Mark Taliano, »Fake threats and engineered fears«, *American Herald Tribune,* 16. Juli 2016 *(http://ahtribune.com/politics/1073-engineered-fears.html).* Abgerufen am 5. Dezember 2016.

46. John Pilger, »The Coming War on China: Nuclear War is No Longer a Shadow«, *Global Research,* 3. Dezember 2016 *(http://www.globalresearch.ca/the-coming-war-on-china-nuclear-war-is-no-longer-a-shadow/5560156).* Abgerufen am 8. Dezember 2016.

47. »Transcript: Michael Flynn on ISIL«, Interview mit Mehdi Hasan. »Head to Head«, *Al-Dschasira,* 13. Januar 2016 *(http://www.aljazeera.com/programmes/headtohead/2016/01/transcript-michael-flynn- 160104174144334.html).* Abgerufen am 8. Dezember 2016.

48. Mark Mazzetti und Ali Younes, »C.I.A. Arms for Syrian Rebels Supplied Black Market, Officials Say«, *New York Times,* 26. Juni 2016 *(http://www.nytimes.com/2016/06/27/world/middleeast/cia-arms-for-syrian-rebels-supplied-black-market-officials-say.html).* Abgerufen am 9. März 2017.

49. Jeremy Binnie und Neil Gibson, »Infantry Weapons: US arms shipment to Syrian rebels detailed«, *IHS Jane's Defence Weekly,* 8. April 2016 *(http://www.janes.com/article/59374/us-arms-shipment-to-syrian-rebels-detailed).* Abgerufen am 10. Dezember 2016.

50. Resolution 1373 (2001) des Sicherheitsrats der Vereinten Nationen vom 28. September 2001 *(http://www.un.org/depts/german/sr/sr_01-02/sr1373.pdf).* Abgerufen am 9. März 2017.

51. Mark Mazzetti und Matt Apuzzo, »U.S. Relies Heavily on Saudi Money to Support Syrian Rebels«, *New York Times,* 23. Januar 2016 *(http://www.nytimes.com/2016/01/24/world/middleeast/us-relies-heavily-on-saudi- money-to-support-syrian-rebels.html).* Abgerufen am 8. Dezember 2016.

52. Resolution 2199 (2015) vom 12. Februar 2015 *(http://www.un.org/depts/german/sr/sr_15/sr2199.pdf).* Abgerufen am 9. März 2017.

53. Judah Ari Gross, »Ya'alon: I would prefer Islamic State to Iran in Syria«, *The Times of Israel,* 19. Januar 2016 *(http://www.timesofisrael.com/yaalon-i-would-prefer-islamic-state-to-iran-in-syria/).* Abgerufen am 9. März 2017.

54. Dr. Bouthaina Shaaban, »Wiederaufbau nach syrischer Art – Eine wahrhaft vielfältige und sicherere Welt schaffen, die aus den syrischen Erfahrungen die Lehren zieht«, Konferenz des Schiller-Instituts Berlin am 25./26. Juni 2016 *(http://www.schiller-institut.de/seiten/2016/shabaan.html).* Abgerufen am 9. März 2017.

55. Vanessa Beeley, »Interview with Prof. Tim Anderson: NATO's Dirty War on Syria«, *21st Century Wire,* 25. Juni 2016 *(http://21stcenturywire.com/2016/06/25/interview-with-prof-tim-anderson-natos-dirty-war-on-syria/).* Abgerufen am 9. März 2017.

56. »Ständige Botschaft der Arabischen Republik Syrien an die Vereinten Nationen – Pressekonferenz vom 9. Dezember 2016«. Presse-Briefing durch die syrische Mission. Zu den Rednern zählte Eva Bartlett, unabhängige kanadische Journalistin. Webcast der Vereinten Nationen. 9. Dezember 2016 *(http://webtv.un.org/watch/permanent-mission-of-the-syrian-arab-republic-to-the-united-nations-press-conference-9-december-2016/5241732190001#full-text).* Abgerufen am 9. März 2017.

57. Donna Nassor. Öffentlicher Facebook-Eintrag im The Full Circle Project, 5. Dezember 2016 um 17:56 Uhr *(https://www.facebook.com/fullspectrumresponse/).* Abgerufen am 9. März 2017.

58. Tim Anderson, öffentlicher Facebook-Eintrag vom 7. Juli 2016 *(https://www.facebook.com/timand2037/posts/10208647842246424)*. Abgerufen am 9. März 2017.

59. Sarah Abdallah. Öffentlicher Facebook-Eintrag. 8. Dezember 2016, 11:44 Uhr.

60. »America must maintain a safe, secure and effective strategic nuclear deterrent to assure its safety and security now and for the future«, Positionspapier zur atomaren Abschreckung. Strategic Deterrent Coalition. 2013–2016 *(http://sdc-usa.org/position-paper/)*. Abgerufen am 9. März 2017.

61. Michel Chossudovsky, »›The Doomsday Forum‹: Senior Military, Nuclear Weapons Officials Convene … America's ›$1 Trillion Nuclear Weapons Plan‹. Take out Russia, Iran and North Korea?«, *Global Research,* 8. Juli 2016 *(http://www.globalresearch.ca/the-doomsday-forum-senior-military-nuclear-weapons-officials-convene-americas-1-trillion-nuclear-weapons-plan/5534549)*. Abgerufen am 8. Dezember 2016.

62. Patrick George, »BBC quietly sneaks out correction admitting it blatantly lied in the run-up to war in Syria«, *Evolve Politics,* 11. September 2016 *(http://evolvepolitics.com/bbc-quietly-sneaks-correction-admitting-blatantly-lied-run-war-syria/)*. Abgerufen am 9. März 2017.

63. Christopher Black, »NATO War Propaganda: A Danger to World Peace«, *New Eastern Outlook.* 13. März 2015 *(http://journal-neo.org/2015/03/13/nato-war-propaganda-a-danger-to-world-peace/)*. Abgerufen am 9. März 2017.

64. Michel Chossudovsky, »*America's ›Humanitarian Massacre‹ of Syrian Civilians: The ›Counter-Terrorism‹ Campaign Is Directed against the Syrian People*«, *Global Research,* 31. Juli 2016 *(http://www.globalresearch.ca/americas-humanitarian-massacre-of-syrian-civilians-the-counter-terrorism-campaign-is-directed-against-the-syrian-people/5538877)*. Abgerufen am 8. Dezember 2016.

65. »Assange: Why I Created WikiLeaks' Searchable Database of 30,000 Emails from Clinton's Private Server«, Abschrift eines Interviews mit Juan González. *Democracy Now,* 25. Juli 2016 *(https://www.democracynow.org/2016/7/25/assange_why_i_created_wikileaks_searchable).* Abgerufen am 9. März 2017.

66. Mark Taliano, »Outrageous crimes and genocide protected by Western lies and duplicity«, *American Herald Tribune,* 22. Juli 2016 *(http://ahtribune.com/human-rights/1086-outrageous-crimes.html).* Abgerufen am 9. März 2017.

67. Dokument 14-L-0552/DIA/287-293 der Defense Intelligence Agency, datiert 12. August 2012, freigegeben am 18. Mai 2015. Die Seiten 287–293 des freigegebenen Berichts lassen sich nachlesen bei *Judicial Watch (http://www.judicialwatch.org/document-archive/pgs-287-293-291-jw-v-dod-and-state-14-812-2/).* Abgerufen am 9. März 2017.

68. E-Mail von Jacob J Sullivan an »H« (Hillary Clinton), 12. Februar 2012. Nicht-klassifiziertes Dokument des US-Außenministeriums, Nr. F-2014-20439, Dokument Nr. C05789138, Datum: 30.10.2015. Wikileaks *(https://wikileaks.org/clinton-emails/Clinton_Email_October_Release/C05789138.pdf).* Abgerufen am 9. März 2017.

69. Michel Chossudovsky, »Five Years Ago: The US-NATO-Israel Sponsored Al Qaeda Insurgency in Syria. Who Was Behind The 2011 ›Protest Movement‹?«, *Global Research,* 3. Mai 2011 *(http://www.globalresearch.ca/syria-who-is-behind-the-protest-movement-fabricating-a-pretext-for-a-us-nato-humanitarian-intervention/24591).* Abgerufen am 5. Dezember 2016.

70. Michel Chossudovsky, »Bill Clinton Worked Hand in Glove with Al Qaeda: ›Helped Turn Bosnia into Militant Islamic Base‹«, *Global Research,* 3. November 2016 *(http://www.globalresearch.ca/bill-clinton-worked-hand-in-glove-with-al-qaeda-helped-turn-bosnia-into-militant-islamic-base/5474094).* Abgerufen am 5. Dezember 2016.

71. »Conflicts of interest in the Syria debate: An analysis of the defence industry ties of experts and think tanks who commented on military intervention«, Public Accountability Initiative. 11. Oktober 2013. Seite 6 *(http://public-accountability.org/2013/10/conflicts-of-interest-in-the-syria-debate/).* Abgerufen am 9. März 2017.

72. »Dr Joseph Saadeh of Maaloula on Syrian ›revolution‹.« YouTube, 19. September 2016 von Dschamal Daud. Teilabschrift *(https://www.youtube.com/watch?v=9oWbLZCxCZE).* Abgerufen am 9. März 2017.

73. Die Aussage des Mannes in Maalula wurde von einem Führer übersetzt, der unsere Gruppe vom 16. bis zum 21. September 2016 durch Syrien begleitete.

74. Hazem Sabbagh, »Terrorists in Aleppo's eastern neighbourhoods monopolizing food and preventing civilians from leaving«, Syrian Arab News Agency, 27. November 2016 (http://sana.sy/en/?p=94445). Abgerufen am 9. März 2017.

75. Lilly Martin, für Freunde freigegebener Facebook-Eintrag, 21. Oktober 2016.

76. Der Bürgermeister sprach Mitte September 2016 zu unserer Gruppe, der *Dritten internationalen Friedenstour (Third International Tour of Peace; siehe Danksagung)* nach Syrien.

77. Steven Sahiounie, »Erdoğan's Al Qaeda Mercenary Army of Uyyghur Chinese ›Jihadists‹ Dispatched to Syria«, *Global Research,* 6. November 2016 (http://www.globalresearch.ca/erdogans-al-qaeda-mercenary-army-of-uyyghur-chinese-jihadists-dispatched-to-syria/5555297). Abgerufen am 5. Dezember 2016.

78. Dr. Ali Heidar, Minister für nationale Versöhnung. Die *Dritte internationale Friedenstour nach Syrien (Third International Tour of Peace)* besuchte ihn am 21. September 2016 in seinem Büro.

79. Patrick Henningsen, *The Wall Will Fall.* Die Grafik zeigt, wie private »PR«/Propagandafirmen (Purpose Inc.), die von Regierungen und Stiftungen finanziert und von Geheimdienstagenten unterwandert werden, falsche NGOs erschaffen (die Weißhelme), die dann wichtige Medien *(New York Times)* mit falschen Informationen beliefern und die Ziele des Imperiums (= Flugverbotszone) bewerben. Dabei nutzen sie parteiische Social-Media-Konstrukte wie Avaaz.

80. Rick Sterling, »Seven Steps of Highly Effective Manipulators: White Helmets, Avaaz, Nicholas Kristof and Syria No Fly Zone.« *Dissident Voice: A Radical Newsletter in the Struggle for Peace and Social Justice,* 9. April 2015 (http://dissidentvoice.org/2015/04/seven-steps-of-highly-effective-manipulators/). Abgerufen am 9. März 2017.

81. Eva Bartlett, »›Human Rights‹ front groups (›Humanitarian Interventionalists‹) warring on Syria«, Blog *In Gaza,* undatiert *(https://ingaza.wordpress.com/syria/human-rights-front-groups-humanitarian-interventionalists-warring-on-syria/).* Abgerufen am 9. März 2017.

82. Mark Taliano, »National Endowment of Empire«, *Whatsupic,* 20. Oktober 2014 *(http://whatsupic.com/special-usa/national-endowment5344.html).* Abgerufen am 9. März 2017.

83. Nicht klassifiziertes Kabel, Canonical ID 05CARACAS1049_a, »NDI and IRI Work to Strengthen Political Parties in Venezuela«, WikiLeaks, 11. April 2005 *(https://wikileaks.org/plusd/cables/05CARACAS1049_a.html).* Abgerufen am 9. März 2017.

84. Janice Kortkamp, öffentlicher Facebook-Eintrag, 11. November 2016. Link zum Video unter *https://www.youtube.com/watch?v=4ic4p13TD2A&feature=youtu.be.*

85. Tim Anderson, Facebook-Fotoalbum »*Humanitarian Imperialism*«, 29. Mai 2014 *(https://scontent-yyz1-1.xx.fbcdn.net/v/t1.09/10363933_10203171855230171_6725798032279174834_n.jpg?oh=813de0c1a1950f211f2a9a4c357051e3&oe=58F04769).* Abgerufen am 9. März 2017.

86. Naomi Wolf, öffentlicher Facebook-Eintrag, 15. November 2015 *(https://www.facebook.com/naomi.wolf.author/posts/10153717035114476).* Abgerufen am 9. März 2016.

87. »US cites ›press reports‹ & secret ›operational data‹ as proof of Russia striking Syrian hospitals«, *Russia Today,* 30. Oktober 2015 *(https://www.rt.com/news/320102-us-blames-russia-syria/).* Abgerufen am 9. März 2017.

88. »State Dept dismisses question from RT, says won't treat it like other media,« *Russia Times,* 16. November 2016 *(https://www.rt.com/news/367192-kirby-rt-syria-accusations/).* Abgerufen am 9. März 2016.

89. Vanessa Beeley, öffentlicher Facebook-Eintrag, 20. November 2016 *(https://www.facebook.com/vanessa.beeley/posts/101557920 71568868).* Abgerufen am 9. März 2016.

90. Facebook-Eintrag von Feroze Mithiborwala, öffentlich geteiltes Zitat von Janice Kortkamp, 21. November 2016 *(https://www.facebook.com/feroze.mithiborwala/posts/ 10211284020354472).* Abgerufen am 9. März 2016.

Glossar

9M111M
eine Panzerabwehrwaffe aus russischer Produktion.

AK 47
Kalaschnikow, russisches Sturm- und Maschinengewehr

Avaaz
eine international tätige soziale Bewegung, die 2007 gegründet wurde und vor allem Online-Aktivismus bzw. Cyberaktivismus über das Internet betreibt.

CENTCOM (United States Central Command)
eines von sechs Regionalkommandozentren der US-Streitkräfte. (Quelle: Wikipedia)

Central Intelligence Agency (CIA)
Auslandsgeheimdienst der Vereinigten Staaten.

Defense Intelligence Agency (DIA)
ein militärischer Nachrichtendienst der Vereinigten Staaten, der als Dachorganisation der Nachrichtendienste der vier Teilstreitkräfte Army, Navy, Air Force und Marine Corps dient. (Quelle: Wikipedia)

DSchK
überschweres russisches Maschinengewehr.

Faktoria launchers
Panzerabwehrwaffen aus russischer Produktion.

Fatwa
eine von einer muslimischen Autorität auf Anfrage erteilte Rechtsauskunft, die dem Zweck dient, ein religiöses oder rechtliches Problem zu klären, das unter den muslimischen Gläubigen aufgetreten ist. (Quelle: Wikipedia)

Human Rights Watch (HRW)
eine US-amerikanische, international tätige, nichtstaatliche Organisation, die durch Untersuchungen und Öffentlichkeitsarbeit für die Wahrung der Menschenrechte eintritt. (Quelle: Wikipedia)

Inter-Services Intelligence (ISI)
seit 1948 ein militärischer Nachrichtendienst der Streitkräfte Pakistans. Der ISI gilt als einer der mächtigsten und am besten ausgestatteten Nachrichtendienste der islamischen Welt und als ein Staat im Staate mit zum Teil eigener Außenpolitik. (Quelle: Wikipedia)

Islamischer Staat (IS)
eine seit 2003 aktive terroristisch agierende sunnitische Miliz mit Zehntausenden Mitgliedern, die derzeit Teile des Irak und Syriens kontrolliert, wo sie seit Juni 2014 ein als Kalifat deklariertes dschihadistisches Staatsbildungsprojekt unterhält. (Quelle: Wikipedia)

National Defense Authorization Act (NDAA; Genehmigungsgesetz zur nationalen Verteidigung)
ein US-Bundesgesetz, das den Haushalt des US Department of Defense (DoD) bestimmt. Der Beschluss des Etats bekommt mit dieser Norm jährlich Gesetzescharakter und ist die Voraussetzung für das Budget der US-Streitkräfte.

PG-7VM und PG-7VT
Munition für Panzerbüchsen

PKM
russisches Maschinengewehr.

Public Accountability Initiative (PAI)
eine gemeinnützige Kontroll- und Forschungsgruppe, die Machtverhältnisse und Korruption an der Schnittstelle zwischen Wirtschaft und Staat untersucht.

RPG-7
reaktive Panzerbüchse

Salafismus
eine extrem konservative Strömung innerhalb des Islam, die eine Rückkehr zu den Wurzeln des Islam anstrebt. (Quelle: Duden)

Scharia
das religiöse Gesetz des Islam. Der Begriff Scharia bezeichnet das islamische Recht; es enthält die Gesamtheit der Gesetze, die in einer islamischen Gesellschaft zu beachten und zu erfüllen sind. Die Scharia basiert auf dem Koran und auf der sich ab der Mitte des 7. Jahrhunderts herausbildenden Überlieferung vom normsetzenden Reden und Handeln Mohammeds. (Quelle: Wikipedia)

Search for International Terrorist Entities Intelligence Group (SITE)
Das Unternehmen durchforstet das Internet und traditionelle Medien ständig nach Material und Propaganda, die von dschihadistischen Gruppen und ihren Unterstützern veröffentlicht werden. (Quelle: Internetseite von SITE)

Takfîr
http://de.wordow.com/english/dictionary/Takfîri,
Takfîr bedeutet in der islamischen Jurisprudenz und Theologie die Praxis, einen Muslim oder eine Gruppe von Muslimen zum Ungläubigen, also Kāfir (Plural: Kuffar) zu erklären. Der Begriff wird von Schiiten verwendet, um sunnitische Muslime – in der Regel Salafisten und Wahhabiten – die andere Muslime als Ungläubige bezeichnen, zu schmähen.

Wahhabit
Angehöriger einer konservativen Sekte des Islam (besonders in Saudi-Arabien verbreitet). (Quelle: Duden)

Weißhelme
eine private Zivilschutzorganisation von Freiwilligen in Syrien, die nur in den von Oppositions-Milizen kontrollierten Teilen des Landes aktiv ist. (Quelle: Wikipedia)

»Ein Buch, das man lesen und ernst nehmen sollte.«

Helmut Schmidt

Ende des 20. Jahrhunderts hat sich gezeigt, dass die Vereinigten Staaten von Amerika die einzige noch verbliebene Supermacht sind. Doch die entscheidende Frage in Bezug auf Amerika lautet: Welche globale Strategie sollten die USA verfolgen, um ihre Vormachtstellung in der Welt zu bewahren? Zbigniew Brzeziński geht in seinem enthüllenden Buch dieser Frage offensiv nach. In Die einzige Weltmacht präsentiert er seine geostrategische Vision der amerikanischen Vorrangstellung im 21. Jahrhundert.

So erklärt er zum Beispiel, warum Frankreich und Deutschland im Gegensatz zu Großbritannien und Japan eine geostrategische Schlüsselrolle spielen werden. Zbigniew Brzeziński liefert einen geopolitischen Leitfaden für den Erhalt und die Ausübung der globalen Vormachtstellung der Vereinigten Staaten.

Zbigniew Kazimierz Brzeziński wurde am 28. März 1928 in Warschau geboren, ist ein polnisch-US-amerikanischer Politikwissenschaftler und zählt neben Henry Kissinger und Samuel P. Huntington zu den grauen Eminenzen der US-amerikanischen Geostrategen. Er war von 1966 bis 1968 Berater von Lyndon B. Johnson und von 1977 bis 1981 Sicherheitsberater von US-Präsident Jimmy Carter. Er gilt auch als der wichtigste außenpolitische Berater von Barack Obama.

Dieses Buch ist eines der wichtigsten der letzten Jahrzehnte und unerlässlich zum Verständnis der aktuellen Konflikte auf dieser Welt. Jeder sollte sich seine eigene Meinung dazu bilden!

gebunden
269 Seiten
zahlreiche Abbildungen
ISBN 978-3-86445-249-9
9.95 €

Kopp Verlag
Bertha-Benz-Straße 10
D-72108 Rottenburg
Telefon (0 74 72) 98 06 0
Telefax (0 74 72) 98 06 11
info@kopp-verlag.de
www.kopp-verlag.de